Por afinidades

Amizade política e coexistência

Par affinités: amitié politique et coexistence

Dados Internacionais de Catalogação na Publicação (CIP)
(Câmara Brasileira do Livro, SP, Brasil)

Gérard, Valérie
Por afinidades : amizade política e coexistência / Valérie Gérard ; tradução Vera Casa Nova , Priscila Heeren. – 1. ed. – Belo Horizonte, MG : Quixote+Do, 2021.

Título original: Par affinités
Bibliografia
ISBN 978-65-86942-26-2

1. Diversidade cultural 2. Filosofia 3. Identidade (Conceito filosófico) 4. Política e governo I. Título.

21-68707 CDD-100

Índices para catálogo sistemático:
1. Filosofia 100
Aline Graziele Benitez - Bibliotecária - CRB-1/3129

Autora Valérie Gérard
Tradutoras Vera Casa Nova e Priscila Heeren
Projeto gráfico e diagramação Caroline Gischewiski
Supervisão Alencar Fráguas Perdigão
Coordenação editorial Luciana Tanure
Produção editorial Sofia Rossi
Assistência editorial João Camilo de Oliveira Torres & Jasmim Paixão
Comercial Cláudia Masini
Redes socias Claudia Brandão
Tecnologia de informação Alessandro Guerra
Revisão Quixote+DO

Esse livro foi realizado com o apoio do Programas de Apoio à Publicação (PAP) do Institut Français de Paris e do Centre National du Livre (CNL)

QUIXOTE+DO EDITORAS ASSOCIADAS
Rua Alagoas, 1.270 – Sala 304 | Savassi
30.130-168 | Belo Horizonte | MG
editoraquixote@gmail.com | (31) 3141-1256

Valérie GÉRARD

Por afinidades

Amizade política e coexistência

Tradução de
Vera CASA NOVA
e Priscila HEEREN

Liberté • Égalité • Fraternité
RÉPUBLIQUE FRANÇAISE

AMBASSADE DE FRANCE
AU BRÉSIL

INSTITUT
FRANÇAIS

Cet ouvrage a bénéficié du soutien des Programmes d'aides à la publication de l'Institut Français.
Este livro contou com o apoio à publicação do Institut Français.

Com

Bastien, Fériel, Julien, Samuel, Élise, Anne, Édouard, Oscarine, Vera, Arno, Manu, Rose, Anthony, Yala, Yann, Marion, Stéphane, Cécile et Damien

Em memória de e sempre com

Étienne Tassin

Pierrette Touchet

Nota sobre a tradução da escrita inclusiva francesa

Na presente edição brasileira, procuramos traduzir os termos como originalmente grafados, segundo o tipo de escrita inclusiva adotada pela autora na maior parte de seu texto, uma proposta não sexista, cujo objetivo é buscar a paridade entre os gêneros masculino e feminino no idioma — ressaltando que o foco, nesta modalidade francesa, é estabelecer a igualdade entre esses gêneros, à parte do debate acerca da não-binaridade.

Um exemplo explícito de orientação machista vigente na norma culta, de ambos os idiomas, é observado na concordância plural dos termos, que, mesmo na presença de apenas uma pessoa (ou elemento) do gênero masculino, entre todas as demais do feminino, determina que seja feita a concordância com o masculino. Em substituição a tal regra sexista, esta modalidade de escrita inclusiva propõe a menção simultânea aos dois gêneros, por meio do emprego do ponto médio (·) entre as desinências indicadoras de gênero, como, por exemplo, na palavra "*ami·e·s*", traduzida como "amigo·a·s" (— uma estratégia que sabemos ser ainda questionável, pois a desinência masculina precedendo a feminina é algo que poderia ser lido como hierarquia).

O intuito aqui não é propor este modelo específico francês ao português — e tampouco negar a importância da reflexão sobre a não-binaridade —, mas oferecer uma experiência de leitura aproximada àquela do texto original, que se posiciona pelo estabelecimento de visibilidade discursiva ao gênero feminino, contra as pretensas neutralidade e universalidade de um masculino genérico, que pudesse responder pelos dois gêneros.

Vale salientar que foram convertidos, à linguagem inclusiva, os termos que no português seriam passíveis de tal adaptação, mas não todos — apenas, e contingencialmente, a fim de evitar excesso de alterações nas sentenças, que pudessem comprometer a compreensão e a fluidez de leitura do texto —, uma vez que, no francês, a quantidade de termos sobrecomuns e comuns de dois gêneros (substantivos, adjetivos, pronomes etc.) é significativamente maior que em nosso idioma. No português, seis entre as dez classes gramaticais existentes são variáveis, isto é, flexionam gênero, sendo a maioria dos substantivos biformes, o que acarreta a necessidade de concordância dos demais termos.

A adoção da escrita inclusiva é um debate complexo, necessário e em plena construção, e sobre o qual ainda não há consenso linguístico, e que coloca problemas práticos, tanto em sua elaboração e exercício, quanto por se tratar de uma proposta cujo domínio é escrito, não abrangendo a fala — algo que ampliaria substancialmente a discussão.

O fato é que, a despeito de todas as questões por serem debatidas, pesquisadas, compreendidas, a escrita inclusiva é acima de tudo um posicionamento político. E, nós, tradutoras, compartilhamos dessa sensibilidade que procura denunciar e romper o padrão de dominação patriarcal, misógino e machista, presente desde a língua que falamos.

A tendência, a afinidade é a base de toda ação, diz o provérbio.

Gógol, *Almas mortas*

Não aceitar outra ordem que a das afinidades,
outra cronologia que a do coração,
outro horário que o dos encontros a desoras,
os verdadeiros.

Cortázar, *Salvo o crepúsculo*

INTRODUÇÕES

Intuições afinitárias*

Setembro de 2013, Paris, pátio de uma escola de ensino médio, refeição de volta às aulas.

O que foi escutado:

"Para mim, o casamento para todos, no início, eu não tinha opinião, mas quando vi quem era contra, eu fui a favor."

Agosto de 2009, Marseille, um apartamento no bairro Vauban, um dos últimos copos antes do fim de uma noite.

A conversa:

"— Você é a favor do casamento gay?

— Eu não sei. E você?

— Sim.

— Você??? Mas por quê? Você é contra o casamento!

— Para encher o saco dos imbecis."

---

* N.T. O adjetivo "afinitária", e suas variações em gênero e número, correspondente à locução adjetiva "de afinidades", não se encontra dicionarizado no português. Entretanto, o mesmo ocorre no francês, sendo, portanto, uma decisão da autora o uso de tal termo não dicionarizado. Optou-se, desta forma, nesta tradução, pelo emprego do adjetivo tal como proposto pela autora, respeitando sua escolha e dada a relevância central do termo em sua obra.

27/06/2017, lido no Twitter, conta *@TraduisonsLes*:

"O Comitê de Ética se pronuncia a favor da extensão das práticas de reprodução assistida às mulheres solteiras e aos casais de mulheres».

[*tweet* em resposta] → "Onda de AVC no *Sens Commun*[1]"

26/10/2017, lido no Facebook, perfil de G.M.:

Um *post*, compartilhando um artigo a respeito da declaração da Academia Francesa sobre a escrita inclusiva e citando este trecho:

"Diante dessa aberração 'inclusiva', a língua francesa encontra-se a partir de agora em perigo mortal, pelo qual nossa nação é desde hoje responsável perante as gerações futuras", afirma a instituição.

Comentários:

"A priori, não estou convencida pela escrita inclusiva, mas esse tipo de veredicto tende a fazer de mim uma partidária fervorosa!"

"Quanto mais ela chateia, mais essa escrita prova a sua utilidade."

Inverno de 2005. Campanha para o referendo sobre o Tratado da União Europeia**. Lille, onde trabalho, onde moro, onde à noite nos bares conversa-se facilmente com todo mundo; Paris, onde encontro ou cruzo com colegas ou conhecido·a·s das clas-

---

1 "*Sens Commun*" [Senso Comum] é o movimento político originário do *La Manif pour tous*. [N.T. "*La Manif pour tous*", "O protesto para todos", é um movimento conservador francês que se opõe ao projeto de lei, aprovado em 2013, que autoriza o casamento entre pessoas de mesmo sexo na França, bem como o pleno direito à adoção por parte desses casais].

** N.T. Em 2004, foi firmado um tratado para o estabelecimento de uma Constituição da União Europeia. Entretanto, para que esta entrasse em vigor, era necessário que fosse ratificada por todos os países-membros — alguns dos quais optariam pela consulta

ses preparatórias da Escola Normal Superior, aquelas e aqueles que estão no Sciences-po [Instituto de Estudos Políticos de Paris], ou na ENA [Escola Nacional de Administração], todo·a·s a favor do "não" no outono, tornaram-se, uma a uma e um a um, partidário·a·s do "sim". Seus discursos se tornaram semelhantes àqueles que os partidos do governo e seus apoiadores e suas apoiadoras desferem em alto e bom som.

> O que foi escutado: "As pessoas que são a favor do "não" são apenas os agricultores, os ostreicultores, os analfabetos."
> (O autor desta frase estudava no Sciences-po.)

Nos balcões, no Norte, aqueles e aquelas que contam o que a transformação da cidade faz em suas vidas, pelo menos aqueles e aquelas que ainda votam, votariam não.

Pessoas debatem. Debatem sobre esse tratado ilegível. Debater, argumentar, ler, se informar, achar razões... — sentir: incapacidade de votar com uns e umas, evidência de voto com outro·a·s.

---

popular convocando referendos ao longo de 2005. Caso da França (e igual resultado nos Países Baixos), onde a maioria votou pelo "não", pela não ratificação do documento, algo que, somado a outros fatos, desdobrou-se no reconhecimento do fracasso da tentativa de instituição de uma Constituição da União Europeia — permanecendo o bloco regido por sucessivos Tratados (em emendas aos anteriores). Acredita-se que, na França, o "não" tenha ganhado sobretudo como protesto ao governo do então presidente Jacques Chirac (1995-2007), em baixa popularidade e com o qual o país atravessava uma de suas mais graves crises de emprego. Havia, por parte principalmente da esquerda, o entendimento de que tal constituição enfraqueceria tanto a economia do Estado, quanto o sistema de proteção social francês, agravando o cenário de desemprego — e, mesmo partidários da direita temiam pela sujeição da soberania francesa à União Europeia.

Lido:
Primavera de 2016, um muro, um pixo* [*tag*]:
"Uma barricada tem apenas dois lados."

Sempre:
Escutar falar na mídia alguém que se diz filósofo·a, ter uma tendência espontânea a estar de acordo com certas ideias que ele ou ela defenda, mas essa pessoa as desfere com uma suficiência tal, um desprezo tal, uma certeza tal que as torna insuportáveis: não é mais possível tomar uma posição desse lado.

Esses poucos sentimentos, palavras alcoolizadas, conversas ligeiras à mesa, um tanto casuais, julgamentos simplistas, mudanças de humor, essas poucas reações poderiam parecer distantes de todo pensamento.

Hipótese: essas intuições sensíveis têm um sentido político.

---

* N.T. Aqui traduzido como "pixo" e grafado com 'x', como reivindicam seus praticantes brasileiros, em subversão proposital à norma culta (picho), reforçando a natureza da pixação como manifestação urbana de caráter político e transgressor — e observada a particularidade brasileira na diferenciação (grosso modo) entre grafite (imagem) e pixo/picho (escrita). Há vasto material na *internet* acerca do assunto.

Amigo·a·s[2] contra a verdade: de um paradoxo na política

Em "A crise da cultura", Hannah Arendt, retomando uma "estranha afirmação de Cícero", escreve:

> É uma questão de gosto preferir a companhia de Platão e a companhia de seu pensamento, mesmo que isso nos desvie da verdade[3].

Uma tal formulação é, à primeira vista, desconcertante. Seguir seus e suas amigo·a·s precederia ao fato de pensar por si mesmo·a; os humores prevaleceriam sobre a razão, as preferências e os preconceitos irracionais sobre a busca objetiva da verdade. Haveria aí uma renúncia ao pensamento, uma reabilitação da autoridade e do relativismo. Não tentaríamos superar os preconceitos de nosso meio e ficaríamos preso·a·s a um entre-si [*entre-soi*][*] sectário.

---

2 A escrita inclusiva [francesa] que passa pelo uso de pontos médios [·], sem dúvida, tem seus defeitos, mas, além de irritar a academia francesa, ela nos permite evidenciar alguns fatos, como por exemplo, quando se trata de amizade, conceito que é necessário desmasculinizar, enquanto concebido por e para os homens, como uma tradução da homossociabilidade masculina. De fato, as mulheres também praticam amizade (mesmo que tudo seja feito para desacreditar ou impedir esse embaraçoso fato).

3 « La crise de la culture » [A crise da cultura], *in La crise de la culture* [1954 – 1968], tradução sob a direção de Patrick Levy, Editora Gallimard, 1972, p. 287. [Livro publicado no Brasil pela Editora Perspectiva (2003) com o título *Entre o passado e o futuro* (seguindo edição original americana: *Between Past and Future*), com tradução de Mauro W. Barbosa].

* N.T. No francês, o termo *entre-soi* se refere à "situação das pessoas que escolhem viver em seu microcosmo (social, político etc.),

Isso é paradoxal, especialmente do ponto de vista da filosofia — da valorização da independência intelectual, o que pôde conduzir Aristóteles a sustentar que, em certo sentido, o sábio não precisa de amigos, porque seu pensamento o torna autárquico. Em todo caso, pensar por si mesmo·a pode levar a pensar contra seus e suas amigo·a·s. A verdade vem antes da amizade.

> Deixemos tudo isso. Melhor seria, sem dúvida, conduzir nosso exame sobre o Bem considerado em geral, e instituir uma discussão sobre o que se entende por ele, embora uma pesquisa desse gênero se torne difícil uma vez que são os amigos que introduziram a doutrina das ideias. Mas talvez possamos admitir que é preferível, e é também para nós uma obrigação, se queremos ao menos salvaguardar a verdade, sacrificar até mesmo nossos sentimentos pessoais, especialmente quando se é filósofo: a verdade e a amizade nos são caras uma e outra, mas é para nós um dever sagrado conceder primazia à verdade.[4]

O adágio permanece: *amo Sócrates, amo Platão, mas amo ainda mais a verdade.*

Preferir amigo·a·s à verdade seria renunciar a pensar, ficar submetido·a aos afetos, àquilo que nossas relações fazem de nós.

No entanto, à outra preferência, aquela que concede o primeiro lugar aos amigo·a·s, à companhia, e que parece inadmissível pela filosofia, Hannah Arendt dá um sentido político:

---

evitando contato com aqueles que dele não fazem parte" (ref.: www.larousse.fr).

4 Aristote, *Éthique à Nicomaque*, I, 1096a 12–17, tradução de J. Tricot. [Aristóteles, *Ética a Nicômaco*]

Espero que tenha se tornado mais claro porque levantei, por meio de Cícero (...), a questão de saber com quem nós queremos estar. Tentei mostrar que nossas decisões quanto ao certo e ao errado dependerão de qual companhia escolhermos, daqueles com quem desejamos passar a vida.[5]

Isso permanece extremamente problemático. Uma tal posição não funda uma comunidade fechada, delimitada por afinidades preexistentes, irracionais, incapaz de admitir o dissenso, a alteridade? Não é uma posição identitária, fundada sobre o pensamento de um mesmo inalterável? Uma valorização ou mesmo uma justificativa do fechamento sobre esse mesmo? Em *Vernon Subutex 3*, é a Xavier, personagem próximo à FN[*], que Virginie Despentes atribui esse tipo de aspiração: "Mas o que todo mundo procura, no final, é o entre-si [*entre-soi*]. Só ter que lidar com pessoas que se pareçam com você.[6]"

Pode-se pensar que uma tal posição reconduza a um outro lugar a afirmação de uma distinção primitiva e irremovível entre amigos e inimigos. Distinção da qual fomos capazes de fazer o princípio mesmo disto que chamamos de política.

---

5 Hannah Arendt, « Questions de philosophie morale » [1965 – 1966], in *Responsabilité et jugement*, [2003], tradução de J.-L. Fidel, Paris, Payot, 2005, p. 170 –171. ["Algumas questões de filosofia moral" *In Responsabilidade e Julgamento*. Companhia das Letras (2004), com tradução de Rosaura Eichenberg].

* N.T. FN - *Front National* [Frente Nacional], atualmente (desde 2018) "*Rassemblement National*" [Reagrupamento Nacional], é um partido nacionalista e conservador da extrema-direita francesa.

6 Virginie Despentes, *Vernon Subutex 3*, Grasset, 2017, Le livre de poche, p. 142. [Publicado no Brasil, pela Companhia das Letras (2019), (até esta data, somente) o primeiro volume como "*A vida de Vernon Subutex*", com tradução de Marcela Vieira].

Assim, a política estaria privada de uma de suas dimensões constitutivas: tornar possíveis os laços entre homens, e mulheres, para além das vinculações primárias, consanguíneas e clânicas. É isso que conduz Aristóteles, quando define a comunidade política, a distinguir o elo político da simples aliança (seja a aliança econômica de interesses ou a aliança defensiva contra um inimigo comum): ele vê aí uma "escolha deliberada de viver junto"[7] — essa escolha que é constitutiva da amizade. Precisemos que por escolha, aqui, podemos compreender não uma escolha voluntária e racional, mas o resultado de tendências, desejos que envolvem todo o ser, que pode, então, ser alterado. A atividade política diz respeito à tecedura, para retomar a metáfora da *Política* de Platão; a política é o que produz laços, o que torna as vidas compartilháveis.

Poderíamos temer que a valorização dessa tendência de se orientar pelo gosto de tal ou qual companhia, que poderíamos chamar de afinidade, negue, ou esqueça, a condição existencial que, segundo Hannah Arendt, sempre faz da vida humana uma vida política: os seres humanos existem juntos, e sua coexistência não é escolhida. Em "Vida precária e ética da coabitação"[8], Judith Butler insiste (apoiando-se em Hannah Arendt) sobre este dado fundamental: "A proximidade não desejada e a coabitação não escolhida são as condições prévias de nossa existência política"[9]. Assim que tais condições são recusadas, uma lógica segregativa corre o risco de ser desencadeada, cujo horizonte é genocida: "Se é possível que populações intei-

7 Aristote, *Politique, III*, 1280b, tradução de J. Tricot. [Aristóteles, *A Política*].
8 *In* Judith Butler, *Rassemblement. Pluralité, perfomativité et politique* [(Re)agrupamento. Pluralidade, performatividade e política], tradução de Christophe Jaquet, Paris, Fayard, 2016.
9 *Ibid.*, p. 144.

ras sejam exterminadas (...), é porque há pessoas que pensam que podem escolher com quem elas devem habitar a terra"[10].

É preciso levar a sério essas objeções. E, contudo, tentar compreender o sentido da lógica afinitária.

Uma certeza: ela não consistirá em uma promoção da homogeneidade, da recusa de toda alteridade, de toda alteração, de todo deslocamento. A lógica afinitária não é uma lógica identitária; não é uma lógica do mesmo; não é uma lógica do clã — em todo caso eu gostaria de dar uma chance a essa distinção.

As ideias e as pessoas: dois exemplos

1.

Durante a Segunda Guerra Mundial, na Grécia, quando a organização da resistência, com suas divisões, prefigura a futura guerra civil, Stephanos Saraphis, oficial que dirige as tropas de resistência anticomunistas e anglófilas, é preso pelo Exército de Libertação do Povo Grego (ELAS)*, constituído em grande parte por membros do Partido Comunista. Após um tempo de cativeiro, ele muda de lado e se junta às tropas do ELAS. Assim ele relata essa reviravolta:

> Ao longo de toda nossa detenção, estudei melhor o caráter dos oficiais [seus companheiros de prisão] e me convenci de que eu não tinha qualquer comunidade de espírito (...) com eles. Nenhuma solidariedade, interesses mesquinhos, egoísmos, total falta de disciplina e de respeito mútuo. Fiz a comparação com os *partisans* que me prendiam, com as pessoas que eu via

---

10 *Ibid.*, p. 148.

* N.T. ELAS: acrônimo originário do nome em grego.

nos povoados que atravessamos, e compreendi que tínhamos errado em querer criar um movimento de resistência à parte.[11]

Orientar-se por afinidade pode ser isso. Alguma coisa que é da ordem das ideias, dos princípios, dos valores (o anticomunismo), das lógicas partidárias e dos fins macropolíticos (restaurar o rei ao trono após a libertação), entra em colapso, não como resultado de argumentos articulados, mas por razões pessoais, diante da experiência de maneiras de ser (mesquinharia, desrespeito, egoísmo, ausência de solidariedade). Ter convivido com seus inimigos conferiu à Saraphis a vontade de passar para o lado deles, porque ele descobriu que a companhia deles era melhor; que o tipo de pessoas que eles eram, os relacionamentos que tinham uns com os outros, eram mais desejáveis.

Essa talvez seja uma das primeiras coisas a se levar em consideração, a título de *hipótese*: as afinidades se inclinam, fora da ordem da razão, porque elas dizem respeito a um gosto por certas maneiras de ser muito concretas, um gosto pela companhia de certas pessoas, que somente se pode experimentar, que se impõe à sensibilidade. As pessoas, com suas maneiras de ser, de se relacionar, de habitar o mundo, vêm antes das ideias. Ou ao menos tornam, de repente, inconsistentes certas ideias preconcebidas, provocando mudanças, questionamentos e reorientações. Um encontro pessoal revela que um caminho havia se desviado, e desfaz o sentimento de ter razão desse lado.

Este exemplo indica também que as orientações afinitárias não são necessariamente sectárias, que elas não congelam

---

11 Citado em Joëlle Fontaine, *De la résistance à la guerre civile en Grèce* [Da resistência à guerra civil na Grécia], La Fabrique, 2012, p. 61.

comunidades e não se vinculam a grupos de pertencimento. Ao contrário, elas aparecem flutuantes, abertas aos encontros, à experiência do outro. Por este aspecto, ao menos, a lógica afinitária se distingue da lógica identitária. É que esta última, parece-me, é mais relacionada às ideias – ideias petrificadas em ideologias que, procedendo por generalização, pretendem definir o que as pessoas seriam. A orientação identitária é menos sensível aos encontros, suas ideias petrificadas conduzem de toda forma a se resguardar.

Se um encontro real tem lugar, a lógica identitária entra em colapso.

Mas se orientar em se deixar levar por afinidades flutuantes, estar assim disposto·a a ser alterado·a, deslocado·a, sem parar, por novas afinidades, isso implica seres inconsistentes, suscetíveis de serem modificados ao infinito, indiferentemente, por novas atrações? Não necessariamente. Se as afinidades não são determinadas pelo que somos, elas estão ancoradas naquele e naquela que elas inclinam. Não em suas identidades, mas em suas sensibilidades, que são constituídas à vontade e à medida dos encontros, sempre no contato com a exterioridade. É nesta vida fora de si que reside a disposição em ser afetado·a, deslocado·a durante os encontros.

Ser atraído por afinidade para tais pessoas, tais grupos, tais obras, é uma maneira de estar em relação e de ser afetado·a pelas relações. As afinidades são relacionais. Elas exprimem uma sensibilidade aos laços, uma relação com as relações, que se movem no fio dos relacionamentos tendo sua própria consistência. É o que me parece.

2.

Frantz Fanon, no primeiro capítulo de *O Ano V da Revolução Argelina*, "A Argélia se desvela", descreve a pressão colonialista ao desvelamento das mulheres, que reviveram o uso do véu e o politizaram, antes que as necessidades de engajamento revolucionário das mulheres as conduzissem a se desvelar (o que tornava possível se deslocar discretamente nos bairros europeus). Isso até as novas violências coloniais contra o véu:

> Ignorando ou fingindo ignorar essas condutas inovadoras, o colonialismo francês reedita na ocasião de 13 de maio sua clássica campanha de ocidentalização da mulher argelina. Domésticas ameaçadas de dispensa, mulheres pobres arrancadas de seus lares, prostitutas, são conduzidas à praça pública e simbolicamente desveladas aos gritos de "Viva a Argélia Francesa!". Diante dessa nova ofensiva reaparecem as velhas reações. Espontaneamente e sem palavra de ordem, as mulheres argelinas, há muito tempo desveladas, retomam o *haïk*, afirmando assim que não é verdade que a mulher se liberte a convite da França e do General de Gaulle.
>
> Por trás dessas reações psicológicas, sob essa resposta imediata e pouco diferenciada, é preciso sempre ver a atitude global de *recusa dos valores do ocupante, mesmo se objetivamente esses valores beneficiassem em ser escolhidos*[12]. É por falta de entendimento dessa realidade intelectual, dessa disposição de caráter temperamental (é a famosa sensibilidade do colonizado) que os colonizadores sempre se enfureceram: "lhes fazer o bem, apesar deles". O colonialismo quer que tudo venha dele. No entanto, a dominante psicológica do colonizado é de se crispar diante de todo convite do conquistador. Ao organizar a famosa cavalgada de 13 de maio, o colonialismo obrigou a sociedade

12 Grifo meu.

> argelina a reencontrar métodos de luta já ultrapassados. Num certo sentido, as diferentes cerimônias provocaram uma volta atrás, uma regressão.[13]

Permanecer sensível ao paradoxo. Valores podem ser recusados, mesmo se objetivamente eles pudessem beneficiar em ser escolhidos; mesmo se isso constituísse, em certo sentido, uma regressão; mesmo se, em si mesmos, abstratamente — fora de qualquer contexto político (a supor que tal frase quisesse dizer alguma coisa) —, eles fossem preferíveis; a pessoa que porta tais valores, e a maneira como ela os utiliza, pode torná-los inaceitáveis. O colonizador, por sua brutalidade, os torna odiáveis.

Aí onde poderíamos ver a simples lógica de clã, que torna inaudível tudo o que vem do inimigo, a reação das mulheres é antes descrita como decorrente de uma sensibilidade à contradição que reside no cerne da injunção, que chama à emancipação das mulheres, mas pelos meios da dominação. Adotar esses valores, mesmo válidos, seria, portanto, se submeter (sob o belo mote da "emancipação"). O problema não é somente a identidade (o outro, que pertence a outro clã) daquele que chama ao desvelamento, são antes as suas presentes maneiras, visivelmente brutais, humilhantes, dominadoras. A sensibilidade à enunciação — às pessoas que enunciam os discursos, às maneiras que elas têm de os enunciar — pode, assim, conduzir a recusar princípios contraditos pelas maneiras que são expressos.

Mas o problema não é somente o da incoerência entre as falas (convidando à emancipação) e os atos (dominado-

---

13 Frantz Fanon, *Sociologie d'une révolution* (L'an V de la révolution algérienne) (1959), https://fr.calameo.com/books/000726878009a10673057 [Sociologia de uma revolução (O Ano V da Revolução Argelina (1959)]

res). Parece-me que uma sensibilidade política às relações e às maneiras está aqui em jogo — essa "famosa sensibilidade do colonizado" que Fanon menciona, que revela, sob uma injunção, sob maneiras, todo um mundo: o da brutalidade colonial, com seus próprios valores, a desigualdade, o desprezo.

Isto me leva a esclarecer uma coisa desde agora: não saberíamos parar de opor de um lado os valores, os princípios, e do outro as pessoas, as maneiras. De um lado ideias e do outro amigo·a·s. Assim como as maneiras, as práticas, as formas de relações, também os valores são encarnados, e tornados sensíveis, sem serem necessariamente formulados. A recusa deles, antes de ser o resultado de um exame racional, surge, aqui, de uma "crispação" —, dita de outra maneira, da sensibilidade. Não se trata nem mesmo de dizer que valores são encarnados nos corpos, o que seria supor que eles pudessem existir em outro lugar. Eles têm lugar entre os corpos, cujas maneiras, que refletem sensibilidades e tocam sensivelmente os outros, dão forma às relações e ao mundo. Os valores de emancipação, afirmados na injunção ao desvelamento, talvez beneficiassem ao serem adotados, mas, no presente da conjuntura e do que é sentido e vivido, ceder à injunção voltaria a consolidar nos corpos e nas relações o mundo da colonização.

Essa sensibilidade, que digo que é política, é uma sensibilidade às relações às quais as maneiras dão forma (aqui, a dominação e a desigualdade), é uma sensibilidade ao fato de que cada ato, cada atitude constrói e sedimenta um mundo habitável, ou não, e que, sob os discursos, pelo fato das práticas e das formas das condutas e das relações, valores e ideias têm curso e são sentidos. É também uma sensibilidade ao fato de que, num olhar, numa ordem, num gesto, todo um sistema de dominação e de brutalidade pode ser depositado e experimentado de forma condensada.

Hipótese: é quando nos orientamos por afinidade com pessoas e com suas maneiras de ser e estar no mundo que nos relacionamos politicamente com outro·a·s, com o mundo, com as ideias. Isso significa que um pensamento, para ser sensível à política, não pode ser abstraído das pessoas que o formulam, da maneira que elas o fazem e que elas o encarnam. E que é isso que o torna político ou politizado, ou politizante. Isso é, no fundo, a propor a ideia de que um pensamento é político por seus modos de elaboração, de formulação e de expressão (e que existe também, ao contrário, pensamentos despolitizados ou despolitizantes, como os que levam a dizer: pouco importa com quem eu me alie para manter meus princípios, contanto que eu os mantenha).

Falar e pensar com: isso testemunha uma maneira política de pensar.

Mas...

E se os amigo·a·s verdadeiramente se desviassem? (e que significa esse "verdadeiramente"?)

E se nosso·a·s amigo·a·s gostassem de nós pelas ideias deles e delas?

Quanto a desertar do terreno da razão pelo dos afetos e das crenças? Isto só pode suscitar hesitações. Será necessário compreender o significado de tal afirmação assumida.

O sentido político: sentido de coexistência e escolha dos laços

A ideia de que faça sentido, politicamente, preferir amigo·a·s à verdade, colocar as afinidades antes das ideias, envolve uma concepção do que se entende por "política". Parece-me que a ideia de Hannah Arendt, quando escreve que "nossas decisões quanto ao justo e ao injusto dependerão da companhia que escolhermos", não é simplesmente que sejamos influenciado·a·s pelas opiniões daqueles e daquelas que frequentamos e que gostamos. Mas, frequentar tais pessoas, gostar de tal companhia, já é preferir maneiras de estar junto, maneiras de regular a vida em comum. As ideias sobre o justo e o injusto são sempre inscritas e tornadas visíveis nas maneiras de existir com outro·a·s, e essas maneiras podem torná-las sedutoras, ou repulsivas, ou esvaziá-las de sentido. Podemos, portanto, concordar com as ideias, porque achamos que aqueles ou aquelas que as sustentam ou aqueles e aquelas que as defendem são mais amigáveis e que preferiríamos passar a vida em suas companhias. Essa tese se relaciona a conhecidas reflexões de Hannah Arendt sobre o sentido da ação política em geral: trata-se aí menos de fabricar um mundo segundo ideias elaboradas separadamente que de organizar coletivamente a coexistência humana, o que significa levar em conta esse estar-com para elaborar e formular o pensamento e para agir coletivamente (e então não se organizar se subordinando a um comando, mas levando em conta, verdadeiramente, o fato de que os seres humanos vivem juntos). Assim, quando partimos da coexistência, as maneiras de ser, os tipos de laços, terão ao menos tanta importância quanto os princípios. Então, é primordial a questão de saber com quem podemos cuidar do mundo — com quem podemos ter o desejo de fazê-lo, achar um sentido para fazê-lo, estar em laços de confiança para fazer isso.

A atenção às maneiras, que podem despertar (ou impedir) o desejo (desejo de estar com e desejo de agir) ou a confiança, parece assim politicamente crucial. Parece-me que toda tomada política de partido, toda posição em um conflito, para além do objeto em questão no conflito, revela uma atração, uma preferência, por maneiras de ser e estar com outro·a·s, de falar e de agir com outro·a·s, que sejam a imagem da coexistência política desejada.

Antes de qualquer programa, portanto, observe como as pessoas se comportam umas com as outras, do que elas gostam, quais maneiras elas valorizam.

Sustentar-se em ideias independentemente das pessoas que as propõem, demonstra, então, uma ausência de senso político. Ao contrário, pensar com quem pensamos, com quem falamos, com quem andamos, supõe uma sensibilidade à condição política do ser humano (sensibilidade à coexistência e sensibilidade à conjuntura).

Nessa hipótese, a sensibilidade política se ancora primeiramente numa sensibilidade aos outro·a·s, mais precisamente numa sensibilidade à coexistência e ao que essas ou aquelas pessoas fazem dela. Nossa sensibilidade é politizada quando nós nos sentimos preocupado·a·s com o destino de outro·a·s, não por simpatia ou por compaixão fraternal para com os seres humanos ou seres sensíveis, mas porque nós podemos relacionar o que lhes acontece numa organização política da qual nós fazemos parte e que também afeta nossa própria vida. O que acontece aos outro·a·s não diz respeito somente a eles ou a elas: diz respeito ao mundo. O que chamo de "sensibilidade política" designa assim o fato de experimentar por si mesmo·a, afetivamente, a organização do mundo, tanto suas injustiças quanto seus acontecimentos entusiasmantes ou encorajadores. É ela que faz com que alguém se sinta sobrecarregado (ou tranquilizado), em sua vida cotidiana, por um estado de emergência, ou atravessado por vitalidade e alegria (ou terror, ou desgosto) por um momento de revolta compartilhada, com alguma dificuldade de se concentrar em seus próprios afazeres ordinários. Essa sensibilidade supõe perceber o que conecta diferentes lugares, diferentes vidas, apreender o comum onde as estruturas de dominação produzem separação.

(Efeito do movimento social da primavera de 2016: um número inabitual de pessoas se sentiu preocupado pelo que tinha acontecido a Adama Traoré, morto nas mãos dos guardas em 19 de julho de 2016, e, depois, pelo destino de outras vítimas de violências policiais, muito além das esferas militantes habituais, e contra o que normalmente produzem as separações ligadas à geografia ou à racialização).

Mas a sensibilidade política se ancora também numa sensibilidade afinitária com certo·a·s outro·a·s mais particularmente; ela é parcial, e produz clivagem. Por exemplo, nos sentimos mais preocupado·a·s pelo que alguém faça ou sofra se imaginamos estar do mesmo lado que ele ou ela nas relações de força. Em seu livro de 2016, *Os afetos da política*, Frédéric Lordon, menciona rapidamente a problemática afinitária e ele toma de exemplo a camisa arrancada do diretor de recursos humanos da Air France, quando do conflito com a empresa*. Esse caso tem a virtude de tornar clara a distinção entre a lógica argumentativa

* N.T. A autora refere-se aqui ao episódio, ocorrido em 2015, quando uma multidão de manifestantes, entre funcionários e ex-funcionários da companhia aérea francesa, invadiu o pátio da sede da empresa em protesto contra o plano de demissão em massa de 3000 empregados, que culminou, durante o ato, no ataque a alguns executivos, que tiveram suas camisas arrancadas.

e a lógica afinitária. Poderíamos, com efeito, entrar nos debates sem fim sobre a legitimidade e a ilegitimidade da violência, comparar a violência da agressão física e a violência do plano social. Podemos também, a parte desses argumentos tão rebatidos quanto ineficazes, nos sentirmos de um lado ou do outro, por afinidade[14]. Dito isto, no texto de Lordon, o conceito de afinidade, cuja utilização é como um reconhecimento da pertinência ou da pregnância contemporânea do tema, não é especificado nem problematizado, e ainda menos diferenciado do conceito de identidade, a lógica afinitária é pensada como processo de identificação passional, o que me parece insatisfatório[15].

Consequentemente, a sensibilidade política se dispõe, ao mesmo tempo, a ampliar os laços e a escolhê-los, a criar o comum e a fazê-lo com clivagens. Relacionar-se politicamente no mundo, é então:

— por um lado, ser capaz de perceber o que conecta situações heterogêneas, o que significa que, com pessoas que nos parecem distantes, compartilhamos efeitos políticos comuns;

— por outro lado, trazer à luz os conflitos e as relações de força que estruturam o mundo, e, a partir daí, tomar partido.

A mera convergência viria da ideologia do consenso; a mera divergência tornaria impossível o pensamento de um mundo comum e a coabitação num mesmo lugar. Ao mesmo tempo sensibilidade aos outro·a·s, aos laços, ao comum, e sensibilidade afinitária e parcial, a sensibilidade política, as-

---

14 Frédéric Lordon, *Les Affects de la politique* [*Os afetos da política*], Paris, Le Seuil, 2016, p.67–68.

15 Lordon faz uma psicologia do corpo social a partir da teoria espinozista dos afetos, essa não é minha perspectiva: na esteira de Hannah Arendt, prefiro tentar uma abordagem existencial da política. Não me pergunto a questão das fontes afetivas que fazem com que alguém tenha afinidades com esse ou aquela, mas do sentido e das consequências das orientações afinitárias.

sim concebida, produz uma disposição para pensar um "nós" e simultaneamente o fragmenta, ao multiplicar as perspectivas potencialmente conflitantes.

A sensibilidade política parece-me ser, assim, o fundamento do "concernimento" (o fato de se sentir concernente pelo que acontece no mundo como resultado da política) e do compromisso político, precisamente na medida em que ela se dispõe a experimentar os laços e as separações, os conflitos, as relações de força conjunturais. O sentido dos laços permite se sentir concernente pelo o que se passa para além de seu círculo, de seus interesses pessoais; o sentido do conflito, da conjuntura, politiza um "concernimento" que poderia ser somente moral, que pode assim se dispor a se inserir na conjuntura e a agir, a tomar posição.

★

Eu gostaria de tentar articular experiências, sentimentos, textos. Na exploração desse problema, mulheres, homens (sobretudo mulheres, de fato — Hannah Arendt, Simone Weil, Virginia Woolf...), textos me acompanham.

A companhia de Hannah Arendt será central. Ali encontrei as primeiras formulações do paradoxo, no qual toda uma teoria do julgamento político e, finalmente, toda uma concepção de política são articuladas. Mas a companhia reserva surpresas. Trabalhando os textos mais de perto, pude dar-me conta que, se eles apontam e delimitam um problema, se eles chamam a atenção para ele, deixam de pensá-lo de forma plena, impotentes em manter sua própria *agenda*. Seguirei então, por algum tempo, Hannah Arendt sobre a questão, não tanto para transmitir seu pensamento, antes para colocar um problema em companhia desse pensamento, mesmo que isso signifique levá-lo a seus limites, a suas contradições, a suas faltas. Talvez, eu tenha encontrado aí mais uma sensibilidade a um problema, essa sensibilidade política à coexistência que leva a pensar de forma diferente do que uma maneira rigorosa de pensar.

Mas essa sensibilidade é rara e caracteriza a maneira que tem Hannah Arendt de conduzir seu próprio pensamento. Ela se relaciona, assim, com seus próprios escritos, cuidadosa com seus aliados e com seus adversários teóricos e políticos — mesmo quando lhe acontece de divergir daqueles que seriam antes amigos. Assim ela escreve essas palavras, antes de começar o capítulo sobre o trabalho de *A condição humana*:

> Neste capítulo encontraremos uma crítica a Karl Marx. Isso é embaraçoso numa época em que tantos autores (...) decidiram se tornar antimarxistas profissionais. (...) Diante dessa dificuldade, serei desculpada por relembrar o que disse um dia Benjamin Constant, quando se viu constrangido em atacar Rousseau: "Evitarei, decerto, juntar-me aos detratores de um grande homem. Quando, por acaso, pareço concordar com eles em algum ponto, desconfio de mim mesmo; e para me consolar de parecer compartilhar por um instante de sua opinião (...) preciso renegar e repudiar, tanto quanto possível, esses pretensos auxiliares[16].

É bastante inédito ver uma teórica ou um teórico preocupado·a a este ponto de *pensar com*, ou de *não pensar com*, de

16 Hannah Arendt, *Condition de l'homme moderne* [1958], início do capítulo III, "O trabalho", tradução de Georges Fradier, reeditado pela Gallimard, Quarto, 2012, p.122. [No Brasil intitulado *A condição humana*, Forense Universitária (2007), com tradução de Roberto Raposo].

não parecer que se junte a uma tal companhia não frequentável, e de dizer também firmemente que nem todos os aliados são considerados bons para atingir seus objetivos ou fazer valer suas opiniões.

Essa atenção que Hannah Arendt dirige às afinidades teóricas faz também surgirem as coisas dentro de uma complexidade maior. As afinidades não abolem o julgamento: é possível aceitar pensar ao lado de pessoas às quais preferiríamos nos opor. Contudo essa má companhia é vista como um problema, que deve ser encarado de frente e não ocultado, porque seria negligenciável, como o fazem aqueles e aquelas que pensam

que pouco importa quem defenda as ideias, desde que essas ideias lhes pareçam válidas, o que geralmente é acompanhado de uma pretensão em pensar essas ideias como sendo *a verdade*. Ao contrário, que essas pessoas não frequentáveis apoiem ideias que se encontram com as de Hannah Arendt, é para ela um problema que ela deseja resolver imediata e explicitamente: a convergência é fruto do acaso e não das afinidades, ela não constitui nenhuma aliança, há somente "pretensos auxiliares". Este infeliz encontro não constitui um *pensar com*.

Se os textos de Hannah Arendt não permitem pensar até o fim as afinidades políticas; a sensibilidade, que ali se expressa e é pensada, me marcou e me parece essencial. Isso acontece com os textos que a encarnam e que fazem de seus objetos bons aliados para começar.

PRIMEIRA PARTE

CONTRA O IMPÉRIO LÓGICO: AFINIDADES E SENTIDO DE COEXISTÊNCIA

INTRODUÇÃO

AFINIDADES AO INVÉS DA VERDADE? "FODA-SE O IMPÉRIO LÓGICO"

Quando falamos em nos orientar no campo das ideias por afinidades, ou de colocar amigo·a·s antes da verdade, isso não implica que possa ser uma questão de negar, para agradar aos amigo·a·s, o que os sentidos podem constatar ou o que a razão matemática pode deduzir, demonstrar, calcular. Não se trata de se tornar cego, de cair no negacionismo, de perder toda relação com o real para se comunicar com uma companhia apreciada.

Para compreender o que está em jogo, talvez fosse preciso retornar aos diferentes contextos nos quais Hannah Arendt menciona esse paradoxo.

Em "Algumas questões de filosofia moral", a questão da preferência por pessoas que apreciamos é moral e política. Confrontada com a experiência do que ela chamou a banalidade do mal (que designa o fato de que o pior genocídio poderia ter sido cometido porque a maioria das pessoas deixou que acontecesse, porque foram insensíveis, indiferentes, não pensaram ou não quiseram pensar que tinham que julgar o que estava acontecendo), com a procura do que poderia orientar o julgamento no domínio moral, Hannah Arendt constata que os critérios têm sempre alguma coisa de subjetivo, e, para mostrar a consistência moral e política que pode ter essa subjetividade, ela se refere ao paradoxo de Cícero. Neste contexto, trata-se de dizer que, o que revela minha sensibilidade moral e política, e que permite que outro·a·s possam se orientar em relação a mim, é a questão de saber com qual tipo de pessoa aspiro passar minha vida, pergunta inseparável daquela sobre de que maneira pretendo viver. "Chega um momento em que as normas objetivas — a verdade (...) — cedem a precedência ao critério "subjetivo", que é sobre o tipo de pessoa que eu desejo ser e com a qual desejo viver"[17]. A ausência de tais preferências decorre dessa indiferença que permite deixar que o pior aconteça.

Em "A crise da cultura", a questão é estética e política: "a estranha afirmação de Cícero" comenta uma tese sobre o caráter político do gosto, definido como uma maneira de escolher, entre diferentes formas de beleza, aquelas que convêm a uma comunidade. Dito de outra forma, ao fazermos julgamentos sobre obras (mas também sobre pensamentos ou sobre pessoas), levamos em conta os laços e a forma do mundo que elas permitem. "Nada poderia ser mais distante do ideal de uma verdade absoluta e restritiva (...)", especifica Hannah Arendt, que opõe aqui a posição do especialista, que julga apenas considerando abstratamente o objeto a julgar, a uma posição humanista, que leva sempre em conta o efeito dos objetos sobre as pessoas, sobre suas relações, sobre o mundo. Em *Lições sobre a filosofia política de Kant*[*], Hannah Arendt precisa que "comunicando sentimentos, prazeres e satisfações desinteressadas, revelamos nossas escolhas e elegemos nossa companhia": ao dizer "eu prefiro estar errada com Platão a ter razão com os pitagóricos", revelo com quem eu me sinto melhor, e essa preferência, sensível, revela uma maneira de ser e estar em relação.

---

17 « Questions de philosophie morale », *op. cit.*, p.138.

* N.T. *Juger : sur la philosophie politique de Kant*, publicado no Brasil como *Lições sobre a filosofia política de Kant* pela editora Relume Dumará (1993), com tradução de André Duarte de Macedo.

Em "Sobre a humanidade em tempos sombrios: reflexões sobre Lessing", a questão é estritamente política. Hannah Arendt faz, ao falar de Lessing, o retrato de um homem que nunca se decidiu sem levar em conta o mundo, e que sempre tomou partido com base nas circunstâncias. Ele não queria "julgar uma obra de arte "em si mesma", independentemente de seu efeito no mundo (...). Também podia atacar ou defender, em suas polêmicas, mas sempre levando em conta o julgamento público, independentemente do grau de verdade ou de falsidade da coisa em si".

Quando ela, então, reflete sobre a verdade problemática dos julgamentos morais, dos julgamentos de gosto e dos julgamentos políticos, que ela assim relaciona, Hannah Arendt pensa com Cicero (ao invés de com Aristóteles), com Lessing, para indicar que nesses assuntos pode-se correr o risco de estar errado·a para pensar e falar com amigo·a·s. Ou antes, com pessoas cuja companhia e maneiras de viver pareçam desejáveis. Observe que não se trata de reivindicar alguma irracionalidade ou falsidade, mas de correr o risco de estar errado·a. E esse risco está ligado ao domínio no qual se exercem os julgamentos em questão, que não é aquele da razão demonstrativa. É inevitável. Mas quem se orienta por afinidade, ao menos, o considera lucidamente.

Na firmação paradoxal da qual proponho partir, duas coisas estão em jogo.

De um lado, quem se orienta por afinidades, e o admite, extraiu as verdades políticas do campo da razão demonstrativa. Isso supõe questionar o regime de verdade que prevalece na política, e compreender o sentido e a necessidade dessa extração.

Por outro lado, fazer valer preferências afinitárias supõe colocar em primeiro plano a relação ética e política com as ideias às quais se adere antes dessas ideias, antes das verdades e da razão.

As duas estão ligadas.

Será preciso, consequentemente, compreender em que uma relação com ideias que se coloca sob o regime da verdade ou do ter razão é antipolítica, e qual tipo de relação com ideias é, ao contrário, o signo de uma sensibilidade política.

Para antecipar: a verdade se impõe, ela não deixa escolha: ela exclui, portanto, que sejamos responsáveis pelas ideias que formulamos e pelos efeitos dessas sobre os homens e as mulheres; ela exclui a consideração dos laços entre os seres humanos. Ela só autoriza como relação a submissão. Ao contrário, a orientação afinitária conduz a escolhas voltadas para o mundo.

É tudo isso que podemos ver condensado numa pixação da primavera de 2016: "Foda-se o império lógico" [*Nique l'empire logique*]. A lógica — tanto a forma de pensamento que a ela se submete, quanto o fato de a ela recorrer na argumentação — tem algo de imperativo, e assim ela nega a coexistência e a igualdade. Ela autoriza o desprezo, dos outro·a·s, de sua sensibilidade, da amizade. Ela dissimula toda responsabilidade política atrás de uma pseudonecessidade.

A afirmação afinitária é um sobressalto contra o império lógico.

“Foda-se o império lógico”. Fotografia particular.

CAPÍTULO I

SOLIDÃO FILOSÓFICA, SOLIPSISMO IDEOLÓGICO E PENSAMENTO POLÍTICO

Orientar-se por afinidades é, de certa maneira, orientar-se em função das pessoas ao invés de em função das ideias. É, em todo caso, para pensar, levar em conta as pessoas, que são aque-
les ou aquelas que apoiam tais ideias, e os efeitos das ideias sobre as pessoas; é considerar que a companhia, à qual atribuímos o fato de aderir a tais ideias, tem importância. Essas considerações são exteriores ao modo do pensamento filosófico. Se filósofo·a·s se referem uns e umas aos outro·a·s, é tão somente sobre o plano dos argumentos. E, quando o filósofo afirma se inserir na política enquanto filósofo, a partir de seu estatuto e de seus *habitus* de filósofo, há chances de que ele ou ela continue a achar fora de propósito levar em consideração as pessoas, levar em consideração as vidas nas quais se ancoram tais ideias, vidas afetadas pela disseminação de tais ideias. É isso o que pode torná-lo ou torná-la arrogante e insuportável (pouco importam as maneiras desde que os princípios triunfem; pouco importam os afetos de todo·a·s demais, eu refleti racionalmente e tenho boas razões em defender minhas ideias). É isso também que pode torná-lo ou torná-la politicamente débil (cego ou cega aos efeitos das ideias e das alianças em determinada conjuntura, incapaz de compreender que não é neutro compartilhar publicamente ideias com este ou aquele âmbito, inapto·a para pensar a vida sensível das ideias).

A justificativa da lógica afinitária conduz assim a se colocar novamente a questão do lugar do filósofo na comunidade política. Hannah Arendt frequentemente retornou a essa questão: ela que via na filosofia política clássica uma ignorância ou uma denegação de nossa condição política, no fato de teorizar somente a boa cidade, o bom regime ou a justiça, um desprezo pela pluralidade humana; ela que defendia que as ideias do filósofo, uma vez importadas para o espaço público, deveriam ser consideradas como opiniões entre outras, com a mesma importância que as de outro·a·s, sem que sua construção mais elaborada lhes desse um estatuto à parte — acrescentando que é isso que não suporta o filósofo, que considera que o resultado de seus pensamentos tem um valor superior às opiniões do comum, o que explicaria sua defasagem, sua inadaptação à vida política, e suas propensões à tirania.

Se há, de fato, uma inadequação entre a lógica da verdade e a condição da existência dos seres humanos (de um lado a cadeia das razões se acomoda muito bem à solidão, do outro, os homens e as mulheres são muitos), a estrita lógica filosófica é também cega à conjuntura, aos conflitos e aos campos de força nos quais circulam as ideias. Assim, ela tem alguma coisa de antipolítica — que se trate ou de uma oportuna ausência de senso político, ou de desprezo.

Isso não quer dizer que a filosofia deva ser desqualificada quando se trata de política, mas que será necessário, sem dúvida, encontrar outras maneiras de fazê-la, e outras pessoas com as quais fazê-la — que aqueles e aquelas que tendo a filosofia como profissão, pensam que é um estatuto que os distingue e lhes dá autoridade. E reconhecer que o momento da problematização filosófica e aquele da tomada de posição pública conjuntural não são a mesma coisa.

(A filosofia está, aliás, bem fora de questão. Não é uma atividade dedutiva nem demonstrativa. No *Fedro*, onde Platão descreve o que é ser filósofo, dois discursos são diferenciados: o que fala das coisas para fazer alguma coisa com esse discurso (regular, persuadir) e o que fala das coisas para as compreender, para as conhecer. Só o segundo é filosófico. A filosofia não tem por fim o julgamento, muito menos a prescrição. Não há razão para não ser capaz de se fazer filosofia sem pensar ao mesmo tempo que ela não confere qualquer superioridade à sua voz sobre a de outro·a·s. Mas há pessoas que se dizem filósofo·a·s, porque formularam três princípios e deram três argumentos para justificar sua opinião e infligi-la ao mundo. Isso prejudica tanto a filosofia quanto a política. É preciso, entretanto, reconhecer que a crítica política que Hannah Arendt faz à filosofia parte das grandes reservas expressas por Platão em relação à democracia, e de sua valorização da competência no campo político. Mas isso a conduz a ignorar o gesto filosófico que se inventa nos diálogos de Platão.)

I. A POLÍTICA, AS IDEIAS E AS PESSOAS

Encarar o pensamento de um ponto de vista político, para tentar distinguir o que faz com que um pensamento seja político ou, ao contrário, antipolítico, supõe situar os pensamentos no campo da coexistência e da conjuntura.

Convém, então, partir do dado inicial que faz com que haja política: os seres humanos são muitos e, obrigados a coexistir, são ligados uns aos outros. No entanto, tanto as ideias que eles defendem, como os modos pelos quais eles as defendem, contribuem para dar forma aos laços e ao mundo que constituem uns com os outros.

É desse ponto de vista que a pretensão à verdade pode ser criticada como antipolítica, pois advém de uma pretensão de decidir sem os outro·a·s e pelos outro·a·s, e, assim, entrar com eles ou elas em uma relação de dominação, o que volta a negar a coexistência.

A razão dominadora

Na medida em que as proposições políticas dizem respeito a uma pluralidade de homens e mulheres, e às maneiras pelas quais eles e elas aspiram viver junto·a·s, e a organizar sua coexistência, seria contraditório que elas fossem concebidas à parte dessa pluralidade humana; seria contraditório que a ideia da boa organização política pudesse ser elaborada por uma só pessoa, à parte, na solidão que permite a lógica, e depois imposta a outras pessoas, que não teriam sido levadas em conta. Esta é a razão pela qual podemos considerar que as teses relativas à política não se enquadram no campo único da razão demonstrativa.

Se houvesse, em matéria de justiça, por exemplo, verdades objetivas, então poderia ser legítimo colocar em prática as leis que decorrem daí sem se preocupar com a concordância de interessado·a·s (é assim que, para Platão, é concebível que o bom líder político possa fazer o bem para as pessoas independentemente delas). Não haveria mais nada a se discutir, a se lutar, a se ligar, aliando-se ou opondo-se, a propósito do mundo. Ter opiniões, ter preferências: isso não teria qualquer sentido. Cada um·a individualmente deveria se submeter à verdade. Governar pela (pretensão à) verdade, pretender ter razão, já é uma maneira politicamente significativa de se relacionar com o mundo e com outro·a·s: dominadora e proprietária.

Do ponto de vista da verdade ou da razão, os outros são supérfluos. Suas opiniões não contam. Sua sensibilidade própria é irrelevante. Podemos refletir sem elas e sem eles, e, se tivermos razão, podemos — ou mesmo devemos — submetê-lo·a·s à verdade sem seu consentimento. Quem pretende ter razão, portanto, se recusa a entrar numa interação; de partir da multiplicidade de perspectivas, de fazer trocas a partir daí. Pouco importa o consentimento de outro·a·s quando temos a certeza do verdadeiro. Ora, recusar toda interação, abrir mão do apoio, do consentimento, considerar que outro·a·s não contam, isso testemunha um *ethos* dominador, se, seguindo Hannah Arendt, entendemos por dominação a aspiração a um domínio total que, portanto, supõe tornar os seres humanos supérfluos, no sentido de que não tem qualquer importância o que quer que eles façam ou pensem, que isso não altera em nada daquilo que é posto em prática pela força. É o que faz, escreve Hannah Arendt, a dominação parecer uma necessidade. Aquela da violência das armas. Ou aquela da lógica, da ideologia — *there is no alternative* [não há alternativa]*.

O que caracteriza a ideologia, aos olhos de Hannah Arendt (podemos nos referir ao final da terceira parte de as *Origens do totalitarismo*[**]), é precisamente a indiferença ao real no que diz respeito à cadeia das razões, que pode conduzir a não mais olhar para os fatos que poderiam fazer duvidar das ideias (e então, eventualmente, produzir à força os fatos que correspondam às ideias). Assim, escreve ela, a ideologia se se-

* N.T. Slogan político, atribuído à ex-primeira-ministra britânica Margaret Thatcher (de 1979 a 1990), que afirmava *não haver alternativa* à economia de mercado (ao capitalismo globalizado), que seria incontestável e imperante.

** N.T. *Origens do totalitarismo: antissemitismo, imperialismo, totalitarismo*, Companhia das Letras (2013), com tradução de Roberto Raposo.

para da realidade e dos outro·a·s. Mas, antes de chegar a este acosmismo extremo da ideologia, o pensamento filosófico pode ser visto como indiferente, se não aos fatos, ao menos às pessoas.

De maneira geral, Hannah Arendt vê na razão demonstrativa algo de tirânico: a lógica é coercitiva[18], as verdades geométricas são despóticas[19]. É que a lógica não se dirige à liberdade e não deixa outra opção a não ser se curvar. Hannah Arendt politiza assim críticas da razão herdadas de uma parte do Iluminismo (que, no momento em que derrubou as autoridades, recusou-se a construir uma nova: a emancipação não deveria consistir em substituir a submissão aos dogmas pela submissão à razão). O problema não é mais somente que a pretensão a ter razão é orgulhosa, é que ela é antipolítica, implicando relações humanas desiguais, menosprezadoras, brutais.

A crítica a tal relação, de afirmação e de propriedade, com ideias, envolve uma tese: a política consiste em nos ligar umas e uns aos outro·a·s para tomarmos conta do mundo junto·a·s (inclusive de maneira conflituosa). A existência de uma verdade política prejudicaria o estabelecimento de laços. Não seria possível divergir — tampouco estabelecer laços conforme aspirações, preferências parciais comuns. É assim que, sublinha Hannah Arendt, Lessing — de quem, em um de seus mais belos textos, ela faz um modelo do sentido político tal qual ela o concebe —, se regozijava que a verdade permanecesse incerta "para o bem da infinidade de opiniões possíveis onde se reflete o debate dos homens sobre o mundo"[20]. É que a ausência de

18 Hannah Arendt, « Vérité et Politique », in *La Crise de la culture*, *op. cit.*, p.305.

19 Hannah Arendt, *La Vie de l'esprit*, [1971], tradução de L. Lotringer, Paris, PUF, [1981] 2005, Quadrige p.88. [*A vida do espírito*, Editora Civilização Brasileira (2009), tradução de Antônio Abranches.]

20 Hannah Arendt, « De l'humanité dans de sombres temps »

verdade é a condição do diálogo, da amizade e da humanidade. Ela é a condição de todo pensamento político, se pensar politicamente significa levar em conta as perspectivas de outro·a·s, porque "toda verdade exige peremptoriamente ser reconhecida e recusa a discussão, enquanto a discussão constitui a essência mesma da vida política[21]". Não porque a discussão permitisse produzir um discurso o mais objetivo e o mais racional possível, mas porque, levando em conta os outro·a·s, suas proposições, mas também ao escutá-los, ela faz algo pela coexistência dos seres humanos, ela parte dela, ela a reconhece. Do contrário, escreve Hannah Arendt: "toda pretensão, no domínio das questões humanas, a uma verdade absoluta, cuja validade não necessite de qualquer apoio do lado da opinião, abala os fundamentos de toda política"[22].

Aquele ou aquela que crê na verdade sacrificará a coexistência, amigo·a·s, laços, sem pensar que sua responsabilidade esteja implicada. A objetividade lhes ordena. Mais uma vez, Lessing desconfiava da verdade porque aquelas e aqueles que creem possuí-la "são pouco dispostos a sacrificar sua visão, pela humanidade ou pela amizade, em caso de conflito; eles acreditam positivamente que agir assim seria violar (...) o dever da objetividade"[23].

Colocar a amizade antes da verdade, as pessoas antes das ideias, pode querer dizer algo tão simples quanto: mesmo que seja verdadeiro que *não há alternativa*, ainda faz sentido procu-

---

[1960], *Vies politiques*, tradução de E. Adda, J. Bontemps, B. Cassin et alii, Paris, Gallimard, 1974, p.36. [Sobre a humanidade em tempos sombrios: reflexões sobre Lessing", in *Homens em tempos sombrios*, Companhia das Letras (2008), com tradução de Denise Bottmann.]

21 « Vérité et politique », *op. cit.*, p.307.

22 *Ibid.*, p.296.

23 « De l'humanité dans de sombres temps », *op. cit.*, p.38–39.

rar abrir espaço para maneiras de viver e de se ligar mais desejáveis que aquelas que um sistema impõe em nome da racionalidade. Nenhum dogma teórico dispensa a busca por tornar o mundo mais habitável com pessoas que gostamos de frequentar.

Falamos então, em escolher tal companhia, mesmo sob o risco de nos desviarmos, porque preferimos tais pessoas, são suas maneiras de conviver que preferiríamos compartilhar. Podemos nos perguntar se ainda faz sentido falar em "se desviar", em correr o risco de estar errado. Mas de que ponto de vista? Se o que está em jogo são as maneiras de viver juntos, que podemos achar desejáveis, que pode significar preferir uma

maneira de se ligar, de experimentar, de se sentir bem com isso, mesmo que isto signifique estar errado? Talvez escolher formas que se revelarão economicamente não viáveis, aliado·a·s que se revelarão não confiáveis, ou cuja estratégia será um fracasso...? Mas se, retrospectivamente, preferirmos mesmo assim ter tentado esse caminho, mesmo que isso signifique ter sido decepcionado, ou derrotado, podemos vê-lo ainda como um desvio?

O problema é com o que é possível ser chamado de "verdade" em matéria de política. Mas uma coisa é certa: aquela ou aquele que está disposto·a a dizer que prefere a companhia à verdade renunciou a possuir a verdade ou a ter a razão. Não quero dizer com isso que ele ou ela esteja pronto a estar errado neste ou naquele ponto. Mas que mudou de disposição, da maneira de ser em relação às ideias; que abandonou a pretensão à verdade absoluta, a ter objetivamente razão. É provável que sua relação com o mundo e com outro·a·s seja transformada, que ele ou ela não tenha mais dificuldade em deixar outro·a·s serem, em coexistir com eles apesar de suas diferenças. De forma que o paradoxo inicial é atenuado, porque ele é enunciado desde uma espécie de ceticismo, uma relação não proprietária, não crispada, mas conscientemente parcial, com as ideias.

Mrs. Dalloway: a política e as pessoas

Há um personagem em *Mrs. Dalloway*[24], Lady Bruton, uma mulher de poder apresentada como muito masculina, que diziam ser "conhecida por se interessar mais por política que por gente". Ela é nacionalista, imperialista, colonialista, e quer impor ao mundo suas ideias, escritas em letras maiúsculas, que se tornam como partes dela mesma, e, às quais ela se devota fanaticamente. Ela pensa que o que diferencia um ser humano do outro não conta; ela despreza toda pessoa dotada de sensibilidade: a capacidade de se apaixonar, de ser afetado·a por impressões, é a seus olhos uma "falha no caráter".

Clarissa Dalloway é aterrorizada por esse tipo de pessoa, por todos aqueles e todas aquelas que afirmam, com arrogância, ideias as quais sustentam passionalmente, a tal ponto que a vida das pessoas, em sua singularidade, não tem mais a mínima importância. É também o caso de Miss Kilman, essa professora de história que tem, a seus olhos, muita influência sobre sua filha, Elizabeth, e que encarna tudo o que Clarissa odeia: a religião, a vontade de converter. Clarissa pensa nisso constantemente: essa mulher lhe rouba sua filha, tenta modelar seu espírito. Ela a odeia. Mas, em algum lugar, ela sabe que não é realmente ela que ela odeia.

> Pois odiável não era ela mesma, e sim a ideia que se fazia dela (...).*

---

24 Virginia Woolf, *Mrs. Dalloway*, tradução de Marie-Claire Pasquier, Paris, Gallimard, 1994. [N.T. Não são mencionadas pela autora as referências de páginas dos trechos reproduzidos no original].

* N.T. Reprodução de trechos de *Mrs. Dalloway* segundo edição brasileira publicada em 2017, pela Penguin Classics Companhia das Letras, com tradução de Claudio Alves Marcondes.

Num determinado momento, Clarissa se encontra com ela frente a frente:

> E era muito estranho, ali diante de Miss Kilman imóvel (e parada ela ficou, forte e taciturna, como um monstro pré-histórico encouraçado, pronto para um embate primitivo), ver como, segundo após segundo, murchava a ideia que fazia dela, como o ódio (voltado para ideias, não pessoas) desmoronava, como ela perdia sua malignidade, fazia-se menor, tornando-se de um momento para o outro apenas Miss Kilman, vestida com um impermeável, a quem Deus bem sabe que Clarissa gostaria de ajudar. Diante desse encolhimento do monstro, Clarissa não pôde conter o riso.

Diante da presença, as barreiras ideológicas se dissipam. A atividade predicativa, tão pronta a identificar os seres, para e pode ser compreendida como um delírio. Justamente, um dos primeiros traços que caracterizam Clarissa é sua revolta contra toda predicação. "Nunca mais diria de ninguém que a pessoa era isto ou aquilo". Clarissa opõe a isto esse dom que ela tem de conhecer as pessoas por uma espécie de instinto, uma sensibilidade à vida em todas as suas variações, em todas as suas contradições.

Mas, assim que Miss Kilman sai e Clarissa fica novamente sozinha, o ódio toma conta dela.

> Amor e religião!, pensou Clarissa, voltando para a sala, toda arrepiada. (...) agora que estava longe da presença física (...), sentiu-se assoberbada por Miss Kilman — pela ideia dela.

Há em *Mrs. Dalloway*, com Lady Bruton e Miss Kilman, toda uma galeria de personagens cujas maneiras de ter ideias e maneiras de ser com os outro·a·s se parecem. Os princípios vêm antes do sensível, porque eles têm razão. Só essa razão conta — uma razão, que enlouqueceu por falta de ancoragem numa sensibilidade, louca por força de pretender que tudo seja convertido. Eles e elas têm a certeza de saber onde o bem está, e, portanto, de poder fazê-lo e prescrevê-lo, mas o bem que pode vir dessas pessoas não tem nada de bom. É pelo menos o que pensa esse famoso personagem [Peter Walsh] que tem uma "falha no caráter", pois ele é sensível, e às vezes até apaixonado. A maneira que essas pessoas pretendem fazer o bem só pode produzir o mal: "(...) esses patifes que acabam na forca por espancar até a morte uma jovem no trem são em geral menos perniciosos do que Hugh Whitbread e suas gentilezas!". Quando um homem, que nunca nada sentiu, tenta a beneficência, ele não é guiado por uma atenção aos outros, mas pela certeza de estar do lado do bem. Ele faz somente aplicar ideias, valores. O personagem do psiquiatra, William Bradshaw, é a encarnação mais aterrorizante dessa relação com as ideias: crença em uma ideia do Bem, imperialismo ideológico, vontade fanática de normalização. Vontade de subjugar toda oposição, de submeter vontades, mas para o bem, obviamente.

Justamente esse psiquiatra leva ao suicídio o poeta do romance, Septimus. Clarissa, ao saber de sua morte, compreenderá seu gesto:

> Pois não é isso o que costumam fazer tais homens, tornar intolerável a vida?

O romance opõe a essa galeria de fanáticos das ideias um conjunto de personagens caracterizados por sua sensibilidade, seu ceticismo, seu amor pelas pessoas e seus laços. Clarissa é dessas que gostam de conectar as pessoas, e ela mesma é capaz de passar por cima de seus próprios limites, de sua classe, de seu meio, da alta burguesia londrina (seu marido é deputado conservador), quando se apaixona por uma mulher progressista e feminista, Sally, ou quando ela compreende e experimenta em seu corpo ("seu corpo ardia") a angústia e o suicídio de Septimus, homem do povo traumatizado pela lembrança das trincheiras de 1914 a 18. O que os conecta, acima das fronteiras de classe ou de sexo, é uma mesma sensibilidade para com a vida, com o mundo, com outro·a·s, um mesmo horror a certas maneiras de ser que fazem do mundo um inferno.

Se as ideias, as identidades, os pertencimentos tendem a imunizar contra os encontros, eles não determinam os laços possíveis, as inclinações, as afinidades. A sensibilidade cria laços. Os encontros podem desfazer ideias.

Por outro lado, as sensibilidades distinguem vidas inconciliáveis. Existem pessoas que tornam a vida intolerável. Isso demonstra mais do que se pensa. Suas maneiras tornam suas ideias insuportáveis. O modo que essas pessoas têm de manter e de apoiar as ideias e suas relações com o mundo e com outro·a·s revela: elas tornam o mundo menos habitável.

A razão sem compromisso

Outro aspecto antipolítico da razão é sua falta de comprometimento. Olhar apenas para as ideias e seus encadeamentos lógicos, sem levar em conta seus efeitos sobre as pessoas, testemunha uma indiferença para com o mundo. E afirmar, no campo político, ideias elaboradas de fora, é recusar-se a ver que toda ideia política é uma tomada de partido por um mundo, que tem alguma coisa de pessoal e de subjetivo, ao invés de pretender fornecer uma verdade transcendente e que poderia se impor, do exterior, a todas e a todos. É, de certa forma, recusar a assumir a responsabilidade por suas ideias (visto que a teoria diz que é verdade). A teoria pode, portanto, servir de pretexto para avançar na arena política sem ser responsável por suas inclinações, que nunca são apresentadas como tais. A neutralidade da razão encobre as escolhas de vida e sua dimensão de pura preferência afetiva.

Ao contrário, adotar uma perspectiva política sobre as ideias leva a ver, em toda tomada de posição, a manifestação de uma relação consigo mesmo·a, com outro·a·s, com o mundo. (Tenho, por exemplo, uma ideia relativamente precisa da relação que têm consigo mesmo·a, com outro·a·s e com o mundo, aqueles e aquelas que pretendem celebrar os *self-made-men* ou a elite do capital [*les premiers de cordée**]. O elogio deles é suficiente para eu pensar que não temos muito o que fazer junto·a·s, que as maneiras de estar em relação, a que almejam, não são as minhas, e que, a partir daí, dificilmente poderíamos nos ligar: pouco me importa o efeito econômico matematicamente demonstrado, ou não, por aqueles e aquelas que fazem parte da elite do capital.)

De certa forma, a pretensão de estar do lado da verdade, que a prática da teoria às vezes dá, pode levar à recusa de

---

* N.T. A expressão "*les premiers de cordée*", literalmente 'os primeiros da corda', foi popularizada, na França, por sua presença recorrente nos discursos do atual presidente Emmanuel Macron (2017-presente) — em apropriação de uma terminologia do montanhismo (o primeiro da corda é aquele que guia um grupo, ligado por uma corda, durante uma escalada) —, e tornada objeto de discussão e polêmica no país, ao ser empregada por este no sentido de que a sociedade não devesse atacar 'os primeiros da corda', que, segundo ele, seriam aqueles e aquelas que constituem a elite empresarial e financeira do país, e que, portanto, em tal posição, seriam os guias à frente da nação.

tomar partido no mundo — de fato isso corresponde a uma tomada de partido, mas nos recusamos a pensá-la como tal: haveria apenas a razão (e, por acaso, haveria pessoas que as ideias dividem, mas isto seria uma outra questão, que não diria respeito à razão).

É essa indiferença a respeito da sensibilidade que pode também tornar o teórico cego à maneira que sua vida constantemente contradiz as ideias que ele ou ela professa tão doutamente — seja aquele ou aquela que obtém sua renda e sua reputação da crítica da dominação, e que encontramos como homem ou mulher de poder na instituição universitária, ou aquele ou aquela que afirma para o mundo seus princípios feministas, mas que, na intimidade, é a personificação dos clichês sexistas.

O mundo das ideias está assim separado da vida e da sensibilidade. E é então que o filósofo, se ele aí se fecha, arrisca em se encontrar, como descreveu a tradição filosófica, estranho, perdido no mundo político no seio do qual ele ou ela não encontra as normas que pensava, inapto·a em se orientar e adotar uma posição. Decepcionado·a que o real não corresponda à ideia que se faz dele, ele ou ela pode finalmente ficar indiferente aos valores políticos, fugir da vida política, não pedindo outra coisa senão ser deixado·a em paz, de maneira a poder continuar a filosofar fora do mundo. A seus olhos, qualquer regime convém, qualquer lugar que lhe garanta essa possibilidade. As formas políticas (visto que todas más) lhe são indiferentes, desde que a possibilidade de isolamento especulativo, indiferente ou crítico, lhe seja deixada.

Mas a indiferença ao mundo, em outras palavras, a despolitização total, leva a deixar que se produza o pior. É isso que Hannah Arendt chamou a "banalidade do mal". Pensar que qualquer mundo, ou que qualquer companhia, servirá, é ainda mais perigoso, segundo ela, para o mundo, que escolher uma má companhia, pois é o signo de uma alienação radical. Dito de outro modo, a despolitização reside em uma insensibilidade, que torna a pessoa incapaz de afinidades e, portanto, incapaz de preferir esta ou aquela forma de mundo.

Usbek, o filósofo fora do mundo

As *Cartas persas* põem em cena Usbek [Montesquieu, 1721], um homem que deixa seu país, a Pérsia, para escapar da repressão política e ir filosofar no país das Luzes. Ele defende, em suas cartas filosóficas, teses muito modernas em matéria de política e de costumes, contra o despotismo, contra a proibição do divórcio — enquanto permanece como senhor de um harém onde as mulheres são mantidas em cativeiro. Podemos ver isso como uma simples contradição, uma denegação; vemos também o retrato de uma razão sem finalidade imperialista, que não tenta converter, porque isso equivaleria a renovar uma forma de despotismo, ou porque sua fragilidade a torna simplesmente incapaz. Ao propor um personagem cujas crenças religiosas e costumes não são afetados pela transformação filosófica, as *Cartas persas* abririam espaço para o pluralismo e para o conflito.

De fato, o romance critica e ridiculariza a pretensão da razão à soberania, e promove a atenção à sensibilidade. É o caso da carta XXXIII, na qual Usbek opõe, às filosofias ocidentais que preconizam em vão um uso consolador da razão, o uso de drogas que se dirigem diretamente à sensibilidade. "É [às vezes] melhor (...) tratar o homem como sensível, em lugar de tratá-lo como razoável". É o caso também da carta CXXIX, que encena a altercação entre um geômetra (a quem seu espírito matemático torna ridículo por conta da insensibilidade) e um tradutor (sensível, sem dúvida, ao outro e às circulações do pensamento).

Uma leitura complementar é possível. Como senhor do serralho, ao saber que suas mulheres têm amantes — conduta tida como imprópria —, Usbek deveria dar a ordem de puni-las, contudo, o homem que escreve cartas filosóficas contra a violência, contra a crueldade, contra a coerção conjugal, deveria logicamente permitir que isso acontecesse, ou até mesmo libertá-las do serralho. Mas ele acha difícil decidir. Levado por um de seus companheiros, ele finalmente dá a ordem de punir;

porém, quanto a retornar à Pérsia para restabelecer ele mesmo a ordem.... não sabemos se algum dia ele o fará. Ele fala de seu desejo de voltar para casa, mas não suporta a ideia de retomar seu papel de senhor do serralho, circunstância na qual ele não mais poderia mentir para si mesmo sobre seu caráter tirânico. Ele covardemente se deixar levar pelos desejos de Rica, o jovem que o acompanha à Franca e que, nitidamente, se sente bem por lá. O leitor sabe que depois da última carta recebida do Serralho, Usbek ainda está na França, de onde ele escreve sobre a situação econômica do país. Ele trocou a Pérsia pela França, mas também Paris pelo campo; ele não se sente em seu lugar na França, mas também sabe que seu lugar não estaria mais na Pérsia. Um de seus próximos lhe chama a atenção por ter esquecido seus amigos, mas acrescenta que sabe que ele é capaz de fazer amigos em toda parte: Usbek é uma figura do exilado radical, sem lugar, sem laços. Exilado político porque sua franqueza na corte do déspota o colocou em perigo e, depois, exilado, desvinculado de todo solo, de todo meio: podemos ver nele, no momento em que é incapaz de decidir, alguém que não assume mais fazer escolhas políticas e se confrontar com o mundo, e que se refugia no domínio das ideias.

Seus exílios sucessivos sugerem que em nenhum lugar ele *elege* domicílio. Talvez porque não haja qualquer lugar sobre a terra que corresponda àquilo que sua razão deduz. Uma das informações que se depreendem das *Cartas persas* é que o despotismo ameaça a França de Luís XIV, e que, em nenhum lugar, nem no Oriente nem no Ocidente, se vê a liberdade política que a razão teoriza. Talvez o espírito filosófico de Usbek deduza daí, logicamente, que a terra não é habitável politicamente, o que o leva a fugir do mundo e das responsabilidades. A incapacidade de eleger um lugar materializaria essa ideia. A razão filosófica não permitiria, portanto, escolher e habitar o mundo. Usbek não elege, nem o Oriente, nem o Ocidente; ele não escolhe, nem punir suas mulheres, nem as libertar: ele se retira, não diz mais nada, fala de outra coisa. (Mas as coisas estão feitas.) (E elas são terríveis. Mulheres torturadas, amantes e carrascos assassinados; crueldade, gritos, suicídio da favorita.)

II. PENSAR COM: COEXISTÊNCIA E CONJUNTURA

A escolha dos laços

> Sinto muito por esse fantasma que fiz você ser,
> apenas um de nós era real
> e esse era eu.
> Leonard Cohen, *Treaty*

É porque a questão das orientações afinitárias é a da qualidade de nossos laços e do nosso modo de habitar o mundo junto·a·s, que a experiência sensível compartilhada precede aos argumentos. Os laços desejáveis se experimentam; nenhuma ideia do que seria um belo ou um bom relacionamento pode ser elaborada fora de uma relação, nem poderia lhe ser imposta, a partir do exterior, a fim de a organizar. Nenhuma teoria da justiça, do casamento, da sociedade pode se impor contra a experiência do gosto ou da aversão, que inspiram tais maneiras de estar em relação e de conviver, tais maneiras de habitar o mundo. Nenhuma ideia do que seria um lugar onde pudéssemos gostar de viver junto·a·s pode ser elaborada sem envolver todo·a·s aqueles e aquelas que tenham esse lugar em comum.

Que uma relação e que um modo de estar junto·a·s sejam desejáveis, é algo que apenas se pode experimentar, precisamente, em relação — não tem sentido gostar sozinho·a, pensar sozinho·a uma relação. Não podemos convencer alguém de que uma relação lhe seja desejável se ele ou ela não a experimentar, nem decidir sozinho·a, sem brutalidade, modalidades de um *estar com*. Da mesma forma, o que seria adorável, um mundo habitável, somente se pode conceber com aqueles ou aquelas com quem é compartilhado, sem o que o mundo seria de certa maneira privatizado.

É assim que compreendo essa ideia de Cícero, que retoma Hannah Arendt: "Cícero diz: no que concerne meus laços com os homens e as coisas, recuso ser coagido mesmo pela verdade, mesmo pela beleza"[25].

Toda a lógica afinitária está aí.

(*Para se convencer disto, basta pensar no que há de grotesco e de odioso no discurso daquele ou daquela que faz questão em demonstrar àqueles ou àquelas a que estão ligado·a·s que sua relação é bela e sensata. Tal cegueira ao que é estar em relação, que denota, longe de um senso comum, uma espécie de deficiência relacional, é posta em cena na vigésima sexta das Cartas Persas. É quando Usbek martela, como o refrão de um encantamento, à sua esposa*

25 «*La crise de la culture* », *op. cit.*, p.287–288.

Roxane — que no final se revoltará, escreverá para ele que ela sempre o detestou, e se suicidará —, a que ponto ela é feliz no casamento, nesse serralho feito para atender às suas necessidades. "Como você é feliz, Roxane, em estar no doce país da Pérsia, e não nesses climas envenenados onde não se conhece nem o pudor nem a virtude. Como você é feliz! Você vive no meu serralho como na residência da inocência (...); você se encontra com alegria em uma feliz impotência para falhar (...). Feliz Roxane (...)." *Ora, Usbek é o filósofo, aquele que teoriza as relações políticas e as relações domésticas, mas que as teoriza sozinho, e nunca com, e sempre o mais longe possível da experiência relacional. A relação não é para ele mais que uma abstração, e nunca uma experiência vivida e experimentada — a única coisa que conta é a imagem que ele tem da relação, e que ele gostaria que suas mulheres também adotassem, para seu próprio conforto:* "gostaria que você esquecesse que sou seu senhor, para me lembrar somente que sou seu esposo (Carta XXVI)".

Pensar as relações (e, portanto, também a política), teorizando-as sozinho·a, é, de uma certa maneira, imunizar-se contra todo relacionamento, adotar uma postura de domínio em relação à qual os outro·a·s são somente projeções narcísicas: o que eles e elas devem ser para que nossos fantasmas fiquem de pé.)

As ideias na conjuntura

Colocar as pessoas antes das ideias significa que nos preocupamos em saber com quem falamos. Quais discursos e quais grupos reforçamos pelos discursos que sustentamos. Recusamos pensar que ideias possam ser válidas por si mesmas ou serem examinadas separadamente, com base apenas na racionalidade, seja qual for a conjuntura daqueles ou daquelas que as tornem audíveis publicamente. Prestamos atenção ao que produz a circulação das ideias numa dada conjuntura.

É o que Simone Weil, por exemplo, acaba fazendo. Em 1943, ela escreveu em uma nota[26], na qual se criticava, que considerava um erro criminoso e irresponsável ter mantido até muito tarde, 1938, posições pacifistas. No entanto, atribui seu erro à solidão: isolada por sua saúde frágil, escreve ela, não teve a experiência da companhia daqueles e daquelas com que, de fato, seus discursos se reuniam e se reforçavam. "Sendo incapaz de seguir sua ação de perto, de frequentá-los, de com eles conversar, não percebi a inclinação deles para a traição." Em outras palavras, esse princípio pacifista, por mais válido que fosse em si mesmo, ela não o teria podido manter se tivesse tido a consciência de se encontrar na companhia de tais pessoas. Não teria sido possível fazê-lo valer com tais aliado·a·s. O problema, seu "crime", diz ela, é não ter se dado conta do tipo de pessoas e de grupos com os quais se unia ao expressar o que pensava.

Isto significa que não se pode pensar politicamente sozinho·a, separado·a do mundo, sem saber com quem pensamos — e com quem queremos agir, viver, e fazer um mundo —, sem conversar — verdadeiramente — com aqueles e aquelas com quem falamos e escrevemos. Os princípios não podem ser abstraídos da conjuntura e das relações de força. Simone Weil escreveu, aliás, em 1937, que, por trás dos grandes princípios facilmente vazios, há grupos humanos — sem dúvida uma dessas condições que devem ser levadas em conta, escreve ela, para que o pensamento não seja desprovido de "noções essenciais de inteligência, noções de limite, de medida, de grau, de proporção, de relação, de rendimento, de condição, de ligação

26 Reproduzido em Simone Weil, *Œuvres* [Obras], Paris, Gallimard, «Quarto», 1999, p.77.

necessária, de conexão entre meios e resultados". Noções sem as quais cada palavra "parece representar uma realidade absoluta, independente de todas as condições, de todos os modos de ação", em contradição com nossa condição: "Vivemos no meio de realidades cambiantes, diversas, determinadas pelo jogo movente das necessidades exteriores, transformando-se de acordo com certas condições e dentro de certos limites"[27]. No que poderíamos tomar por um lembrete metodológico clássico (uma tese só pode ter sentido uma vez especificada sob qual relação a compreendemos), podemos ler aqui uma inscrição do pensamento na questão dos seres humanos, dos grupos, das relações de força.

Tal concepção do pensamento, e das condições nas quais o pensamento não perde de vista o real, conduz, ou deveria conduzir (ela pensa que devesse conduzir) a não escrever, a não se exprimir publicamente sem antes se perguntar quais grupos estamos reforçando, quais atitudes, quais meios humanos, quais comportamentos estamos endossando ou sustentando. Ser sensível a essas questões, é conceber a responsabilidade política que há em *falar ao lado de*, em *falar com*. "Pude facilmente me dar conta de que o estado em que eu me encontrava me proibia de reponsabilidades graves e prescrevia que eu me abstivesse".

Dessa "nota" de Simone Weil se deduz a ideia de que é politicamente irresponsável falar sem se preocupar do lugar de seus discursos no campo político dos discursos, que tomam forma em indivíduos e em grupos em conflito. "Toda nossa

27 Simone Weil, « Ne recommençons pas la guerre de Troie », in *L'Iliade ou le poème de la force et autres textes*, Paris, Rivages, 2013, p.170-171. ["Não recomecemos a Guerra de Tróia". A Ilíada ou o poema da força e outros textos].

vida é um problema de posições"[28], escreveu ela, de outra forma. Trata-se, então, de não esquecer de se situar — porque, de fato, esse situar-se conta e tem efeitos políticos.

Pode haver, portanto, princípios aos quais nos apegamos e que uma conjuntura torna insustentáveis publicamente, devido à companhia. Em outras palavras, quando se trata de defender ideias que pensamos válidas, nem todo·a aliado·a é bem-vindo·a. Prestar atenção àquele ou àquela que fala, se perguntar se ele ou ela é frequentável, pode, então, levar à movimentação, se não para revisar seus princípios, ao menos para rever suas tomadas públicas de posição. Orientar-se a partir de pessoas, mais que a partir de ideias, torna assim as posições moventes. É possível ser afetado·a, deslocado·a por outro·a·s, por encontros, por uma experiência sensível que só se faz na frequentação, num "conversar *com*".

★

Pensar com significa, então, pensar a partir da coexistência, não pensar sozinho·a, nem de sua única comunidade de origem, dentro da ideia de que não podemos pensar sozinho·a·s o que concerne a uma pluralidade de mulheres e de homens. A enunciação (o que fazemos ao dizer alguma coisa) contradiria os enunciados políticos (o que dizemos concernente a uma coletividade).

---

28 Simone Weil, *Cahier inédit II, Œuvres complètes* [*Caderno inédito II, Obras Completas*], publicado sob a supervisão de André A. Devaux e Florence de Lussy, Tomo VI, volume 1: Cahiers (1933 - setembro de 1941), Edição de Alyette Degrâces, Pierre Kaplan, Florença de Lussy e Michel Narcy, Paris, Gallimard, 1994, p.203.

E isso significa nos preocuparmos com aqueles e aquelas com quem pensamos, aqueles e aquelas com que nos associamos, significa querer poder falar com amigo·a·s.

O fato de *pensar com* é, dessa maneira, ancorado, de um lado na sensibilidade afinitária, e, do outro, na sensibilidade à coexistência. No entanto, as duas estão, pelo menos, em tensão. Será preciso examinar essa tensão, algo que poderemos fazer ao retomar o modelo do conceito de gosto tal como foi elaborado pelo Iluminismo. É também esse modelo que permitirá pensar uma relação com ideias que não aquela (proprietária, ferrenha, dominadora) do estar na verdade ou do ter a razão, mas a relação com ideias possível fora do âmbito do império lógico.

CAPÍTULO II

A POLÍTICA, UMA QUESTÃO DE GOSTO?

Afirmar que podemos preferir errar com pessoas que gostamos da companhia, a ter razão com aquelas que não gostamos, não quer dizer que as ideias não tenham importância. Mas que teremos uma outra relação com as ideias — uma relação mais distanciada e, ao mesmo tempo, mais sensível, ou, ao menos, lúcida sobre sua sensibilidade, um relacionamento mais móvel, do lado da crença, mas da crença consciente de ser apenas uma crença parcial (enquanto a crença fanática vem com a pretensão de ser A verdade). Teremos uma relação com as ideias, que poderíamos dizer, de companhia.

Compreendemos as hesitações que esse estabelecimento na crença possa suscitar. Principalmente porque qualquer fanático·a parece orientar-se assim: de maneira a viver somente no meio de pessoas cujos modos de vida lhe pareçam os melhores, segundo as ideias de sua preferência. Mas ele ou ela não reconheceria a dimensão afetiva e afinitária de suas inclinações. Não veria nisto uma opção, como outras, que comporta um risco de errância, mas sim a única válida, porque a única correspondente à verdade, a tal ponto que devesse ser suprimida da Terra toda existência que a pudesse contradizer. Em resumo, isso faz toda a diferença. Suas preferências, parciais, mas percebidas como objetivas, não se acomodariam à coexistência com outras maneiras de viver possíveis. Ao contrário disso, a menos que esteja em total contradição, a lógica afinitária reflexiva (e que pensa seu risco de errância) aceita, em princípio, a pluralidade, as divergências, as disparidades.

I. A COMPANHIA DAS IDEIAS

Em seu ensaio feminista *Cuspamos em Hegel*, Carla Lonzi escreve:

> Nós afirmamos nossa descrença em relação ao dogma psicanalítico que afirma que a mulher seria tomada, desde sua idade mais jovem, por um sentimento de perda, por uma angústia metafísica ligada à sua diferença[29].

Mais abaixo no texto, "dogmas científicos" e "análises sociológicas e psicanalíticas" são rejeitados não pela razão argumentativa, mas pela sensibilidade. Suas conclusões ofendem as mulheres: deixem-nas passar sem isso. Em outras palavras: melhor não pensar na companhia deles.

Deixar o terreno das argumentações, da demonstração, pelo da crença, da credulidade, do dogma? Podemos ser cético·a·s. Podemos também aceitar pensar que, colocada no terreno da crença, uma tese faça parte de um compromisso ético e político. Portanto, não é insano ser indiferente à verdade de tal enunciado científico, a propósito das mulheres, para apenas considerar o sentido político de sua adoção ou de sua rejeição.

Que as teorias desvalorizem as mulheres, produzam tais relações, tais modos de ser, isso basta para que sejam rejeitadas. Pouco importam, então, as razões. Preferimos um mundo

---

29 Carla Lonzi, *Crachons sur Hegel* [1974], tradução de « Les derniers masques », Eterotopia, 2017, p.64.

no qual elas não existam. Tudo o que importa é o efeito simbólico, político, da teoria, e o que ela permite às mulheres em termos de sua relação consigo mesmas, com outro·a·s, com o mundo. O que podemos (ou não podemos) pensar *com*. Em *Não acredite ter direitos*[30], é contada a história de uma mulher que rejeitou a teoria feminista segundo a qual as mulheres são alienadas, não porque pudesse demonstrar sua falsidade, mas porque era uma representação desmoralizante da vida, disse ela, que não lhe permitia se reconhecer como capaz da liberdade e do conhecimento. Ela preferia ter a sua disposição representações da liberdade das mulheres, em razão de seus efeitos simbólicos. Pensamentos com os quais era possível de se fazer alguma coisa no mundo.

De maneira comparável, encontramos sob a pena de Hannah Arendt uma ideia desconcertante: quando ela comenta a declaração americana dos direitos, ela sublinha que a igualdade dos seres humanos é apresentada ali como o objeto de uma crença compartilhada, e que é bom que ela seja apresentada como uma crença e não como um conhecimento demonstrável. "Nós tomamos essas verdades como evidentes (...)", diz a declaração, e isso é fundamental, escreve Hannah Arendt, pois "a igualdade, se ela deve ter uma significação política, é uma questão de opinião, e não de 'verdade'". É, de qualquer maneira, paradoxal pensar que seja bom, para a igualdade, que ela seja apenas uma preferência enraizada em desejos que poderiam ser outros, pois, de certo modo, isso enfraquece a ideia. Não poderemos impô-la pela demonstração, forçar para que as pessoas a reconheçam e a admitam. Ora,

30 *Ne crois pas avoir de droits*. Obra coletiva da Livraria das Mulheres de Milão, publicada em 1987, traduzida para o francês por Tempest em 2017, p.172.

paradoxalmente, é esta fraqueza teórica que dá a firmação da igualdade sua significação política.

Com efeito, se fosse imposta aos seres humanos, se fosse demonstrável, mantê-la não diria nada de nossos desejos em relação ao mundo. Afirmá-la não manifestaria nada além de uma submissão a uma verdade estabelecida em outro lugar, que só teria alcance antropológico. Poderíamos dizer que os seres humanos são iguais, sem que isso nada revele de uma sensibilidade, nem nada comprometa. Se nos apoiássemos sobre as ciências sociais, psicológicas, sobre a antropologia, sobre a biologia para demonstrar a igualdade dos seres humanos, afirmar essa igualdade não teria mais sentido político. Em outras palavras, as teorias não têm importância política. Mesmo que elas demonstrassem igualdade, querer aplicá-las seria um mau motivo para organizar uma sociedade segundo um princípio igualitário, porque isso seria desistir de escolher a forma pela qual pretendemos nos ligar. Não haveria alternativa. A ordem social seria deduzida logicamente e não escolhida. Querer importar verdades estabelecidas em outros lugares para o campo da política é uma negação da coexistência e da auto-organização política. E, no presente caso, impor de fora a ideia de igualdade dos seres humanos sem levá-los em conta, seria uma contradição performativa.

Em compensação, se não há verdade demonstrável em matéria de relações e de organização políticas, então toda afirmação é uma tomada de posição, uma tomada de partido pela qual se revela sua relação com o mundo, e que é preciso, portanto, aceitar a responsabilidade sem se abrigar atrás da “verdade”. Afirmar a igualdade testemunha, então, um gosto por relações igualitárias, uma espécie de compromisso implícito por um mundo igualitário. Melhor dizendo, se proponho que seja preferível viver segundo relações igualitárias, e que assumo que se trata de minha preferência, então revelo a que aspiro e o que gosto de praticar.

Colocar a política no campo das opiniões e não no da verdade equivale, portanto, a dizer que sustentar ideias políticas é tomar pessoalmente partido por certa forma de mundo. Mas é preciso esclarecer a ideia de preferência parcial, que parece incompatível com a ideia de justiça. Quando se caracteriza a justiça pela imparcialidade, designa-se a capacidade de deixar de lado suas preferências subjetivas quando se considera a organização das relações humanas. Somos capazes de pensar a justiça ou a injustiça de uma situação independentemente do fato que ela nos seja favorável ou desfavorável. Posso desejar, porque sou sensível à justiça e à coexistência, uma distribuição de riquezas que me seria mais desfavorável que a distribuição atual, por exemplo. E sou, ao contrário, parcial se considero apenas meus interesses. Mas aqui não é de um retorno a essa forma de parcialidade que estamos falando. Trata-se de parcialidade *pelo mundo*. Eu posso, independentemente de meus interesses privados, preferir, parcialmente, tal forma de mundo. As preferências parciais não vão necessariamente no sentindo da estrita utilidade individual. Pode-se colocar o mundo antes de si (daí a ideia de imparcialidade), com uma preferência parcial por certa forma de mundo.

A partir daí, colocar a amizade antes da verdade poderia significar algo tão simples quanto isto: mesmo que alguém pudesse demonstrar a desigualdade dos seres humanos, poderíamos não dar importância a isso e continuar a tentar formar comunidades igualitárias e horizontais, sem ser perturbar com o risco de errar ao colocar os seres humanos em igualdade quando talvez não o estejam. É sobre tais questões que a verdade poder ser declarada indiferente. (É preciso compreender essa ideia de Hannah Arendt em sua conjuntura: um mundo estruturado por teorias racialistas com pretensões científicas que justificaram a discriminação e, depois, o extermínio de milhões de pessoas).

A partir do momento que os discursos produzem efeitos de discriminação, liberam o ódio e a violência física (pensemos no aumento dos ataques homofóbicos liberados pela onda de discursos contra o "casamento para todos"[*]), não há nem mesmo como se colocar sobre o terreno dos argumentos. Há até uma certa indecência em se prestar atenção aos discursos antropológicos, biológicos, psicanalíticos, vindos para sustentar esta ou aquela posição. Colocar-se sobre o terreno dessas teorias é, efetivamente, estar pronto para se submeter a elas e para renunciar julgar relações humanas a partir de exigências relativas às formas de coexistência desejáveis. A questão de se desviar ou não com amigo·a·s, de "sacrificar a verdade à amizade"[31], é então esclarecida: o desvio possível, que se assumiria, é o que resultaria da escolha da possibilidade de laços, contra doutrinas discriminatórias[32].

* N.T. *Le mariage pour tous,* O casamento para todos, é o projeto que resultou na implementação, na França, em 2013, da lei que autoriza e garante aos casais homoafetivos igualdade sobre todos os direitos relativos ao casamento (e seus desdobramentos, como herança e adoção).

31 «De l'humanité dans de sombres temps », *op. cit.* p.36.

32 A esse respeito, podemos ler uma coluna publicada no site France.info.fr em 11 de outubro de 2018, na qual solteiras e lésbicas que recorreram ao PMA [programa de práticas de reprodução assistida] denunciam sua ausência nos debates. Elas relembram a que ponto os "debates" em torno do "Casamento para todos" as deixaram "exauridas, porque esses debates tinham permitido uma enxurrada de palavras odiosas serem derramadas... sobre [elas]". "Nós sofremos e teremos que sofrer seus argumentos repetidos *ad nauseam*", escrevem, e aos quais elas deveriam opor "argumentos infalíveis"; mas, ao invés disso, elas dizem de seu sofrimento, sem dúvida a melhor maneira de responder ao fato de

Se o pensamento, fora das algemas da lógica, assim se orienta em função da coexistência e da conjuntura, uma outra relação com as ideias é colocada em prática: o pensamento é livre para seguir em um sentido ou em outro, para se deslocar — por exemplo, para mover-se de uma ideia para outra em função da conjuntura e dos efeitos das ideias neste ou naquele contexto. A lógica afinitária não opõe, portanto, pessoas e ideias, amigo·a·s e princípios. Ela opõe a uma relação dogmática com as ideias — que pode levar a desqualificar imediatamente quem quer que pense diferente, ou que não goste dos mesmos autores ou das mesmas autoras —, uma relação afinitária com as ideias e as pessoas, que tem a sua porção de irracionalidade e de afetividade, mas consciente, que se baseia em afinidades com ideias, textos, figuras históricas, literárias, filosóficas. Em "A crise da cultura", Hannah Arendt sugere que o paradoxo de Cícero pode ser reduzido a uma crítica da expertise em políti-

que, no espaço público, não há lugar para a experiência sensível dos envolvido·a·s, para observar o fato de que o rigoroso regime de argumentação não é o correto, sobretudo se for monopolizado pelos "especialistas" , os "analistas", os "editorialistas", que falam da vida dos outro·a·s: "quem fala? [...] filósofos, "intelectuais" autoproclamados. Ninguém que seja diretamente interessado". Mas, se elas ressaltam o vínculo entre esses "supostos detentores da verdade" e os "manifestantes cheios de ódio", elas interrompem, no meio do caminho, suas críticas à posição teórica. Elas enfatizam que os "especialistas" clamam falar a verdade, enquanto estão apenas falando de acordo com dogmas, medos, afetos subjetivos (ainda vemos que a pretensão de impor seus pontos de vista os leva a denegar sua parcialidade e sua ancoragem sensível). Entretanto, mesmo que se tratasse da verdade, ainda seria legítimo — no mínimo vital — opor a isto a experiência. https://www.francetvinfo.fr/societe/mariage/mariage-ethomoparentalite/tribune-ne-vous-inquietez-pas-pour-nos-enfants-ilssont-aimes-lesbiennes-ou-celibataires-elles-ont-eu-recours-a-la-pma-etveulent-peser-dans-le-debat_2977725.html

ca. Seria uma questão de dizer que a "verdade do filósofo "não pode ser absoluta, e que ao especialista, ao expert, àquele que teria competência, podemos opor o sentido comum do humanista (aquele para o qual as pessoas importam), sentido comum que, precisamente, se forma *em comum*, e está ligado, escreve Hannah Arendt, a um "gosto", que se exerce "para além das limitações que cada especialidade faz pesar sobre nós", a uma cultura que equivale em "[saber] escolher seus companheiros entre os homens, as coisas, os pensamentos"[33]. Ideias, pensamentos, livros nos acompanham. Pensamos *com* elas, *com* eles. Nós os amamos, como amamos amigo·a·s, por gosto (e não porque suas verdades sejam impostas), com uma certa consciência da contingência e da parcialidade desta eleição, e também da escolha de um mundo que ela empenha. Tiramos daí uma potência de pensar, de viver, de assumir o mundo, em uma determinada configuração, que é suscetível de mudar.

O que Hannah Arendt assim chama de humanismo é a capacidade de não considerar pessoas, ideias, obras, independentemente de sua relação com o mundo. Isso consiste em ter com elas uma relação estética, no sentido de que levamos em conta, ao considerá-las, a maneira como elas afetam as pessoas e desenham um mundo. Em outras palavras, levamos em conta a recepção, sensível, dos pensamentos, das maneiras de falar e de viver. Isso quer dizer que adotamos, em nossa relação com as ideias e com as pessoas, uma disposição que nos acostumamos a pensar como específica de nossa relação com as coisas belas, pelo menos desde a constituição do conceito de gosto no século XVIII. Desse modo, a sensibilidade teve, então, precedência sobre a regra que deveria ser imposta de fora e de cima: o amadorismo, igualitário, foi valorizado. O amador lida com tudo um pouco, o que lembra o homem democrático,

33 « *La crise de la culture* », *op. cit.*, p.288.

julgando sem qualquer competência; o amador do espetáculo, que Platão detesta, é aqui valorizado. É que ele é capaz de se interessar por tudo, por tudo que concerne ao mundo — o que o distingue do especialista, que só se preocupa com seu domínio de especialidade, que só se relaciona com o mundo do ponto de vista desse domínio da especialidade, que pode, aliás, dizer mais respeito a uma mania singular obsessiva que a um comprometimento com o mundo.

Mas, então, há uma ambiguidade, se considerarmos político o fato de levar em conta as pessoas, as ideias, o belo, não de forma absoluta, mas a partir de seu efeito no mundo, como prova de sentido da coexistência, ao passo que essa disposição parece contrária à escolha, parcial, desta ou daquela ideia, deste ou daquele grupo, desta ou daquela organização do mundo, por afinidade.

Essa ambiguidade se encontra no conceito de gosto. No século XVIII, o gosto se forja nos salões, onde se orienta o julgamento pelo gosto da companhia. A companhia é uma bússola para o julgamento — uma bússola ambivalente, na medida em que ela pode ser vista como uma mediação que abre para o mundo, bem como o lugar de uma secessão elitista. No primeiro caso, ela amplia o julgamento individual. No segundo caso, ela o amarra a um grupo, a uma esfera. Julgar por gosto da companhia é escolher o mundo (em vez da solidão da lógica) ou escolher um mundo (um determinado mundo, aquele possível em tal companhia, eventualmente excluindo outro·a·s). É esse paradoxo que deve ser examinado agora.

★

Note-se de passagem que essas críticas da teoria cega ao sensível e ao real são formuladas por mulheres, feministas ou não

(Woolf, Lonzi, Arendt, Weil). Com as primeiras essa crítica é articulada a um pensamento do gênero da teoria — masculino. Woolf chegou a definir o patriarcado como a dominação dos professores[34]. É talvez por terem sido — por serem — excluídas do mundo das ideias, privatizado durante séculos pelos homens, que se tornam sensíveis ao que é uma relação proprietária e dominadora com a teoria, que as conduz a estar atentas aos efeitos políticos das ideias e de sua formulação.

A questão da sensibilidade política, portanto, inevitavelmente se cruza aqui com críticas feministas da razão e da prática da teoria. Uma certa prática teórica prejudica a política e as mulheres, e esse dano é da mesma ordem: ele tem a ver com a constituição autoritária de um mundo uniforme, hostil à diversidade de perspectivas e de vidas.

Terei ocasião de retomar, na segunda parte, sobre outras contribuições de certos feminismos a essas questões de afinidade e de coexistência.

---

34 « Un voyageur pressé venu sur cette planète [...] ne pourrait manquer de se rendre compte [...] que l'Angleterre vit sous un régime patriarcal. N'importe qui dans son bon sens finirait par découvrir la domination du professeur », Virginia Woolf, *Une Chambre à soi*, tradução de Clara Malraux, 2014, Gallimard (Quarto) p.113. [N.T. "Mesmo o visitante mais transitório deste planeta (...) não conseguiria deixar de notar (...) que a Inglaterra está sob as regras de um patriarcado. Ninguém em seu juízo perfeito conseguiria ignorar a predominância do professor.", segundo edição publicada pela Tordesilhas (2014), intitulada *Um teto todo seu*, com tradução de Bia Nunes de Sousa (texto) e de Glauco Mattoso (poemas), p.51-52]

As afinidades eletivas, Goethe

É difícil pronunciar o termo "afinidade" sem que venha à mente o título do romance de Goethe, *As afinidades eletivas*. Um título provocador, mas um pouco misterioso para um romance pouco lido.

Lançado em 1809, em plena transição entre o Iluminismo e o século XIX, um momento em que se constituía um pensamento da sensibilidade e da comunidade, ligado a uma crítica política da transcendência. O destino político do tema das afinidades já estava aí.

O romance propõe uma versão da preferência paradoxal pela errância em boa companhia.

Eduard e Charlotte se casaram tarde, depois que seu amor já tinha sido frustrado por outros compromissos. Eles recebem em sua casa Ottilie e "O capitão". Rapidamente, a atração recíproca entre Eduard e Ottilie de um lado, e entre Charlotte e o capitão, do outro, mina o casamento deles. Uma noite, o grupo reunido tocava música; Eduard e Ottilie tocavam juntos.

> Os ouvintes estavam atentos e se admiraram da perfeição com que a jovem [Ottilie] havia decorado a peça e se surpreenderam ainda mais ao notar o modo como se ajustava ao estilo de Eduard. *Ajustar-se* não é a expressão correta; hábil e conscientemente, Charlotte sabia acompanhar o marido, que ora vacilava, ora se apressava. Era capaz de, aqui e ali, retardar ou adiantar o passo. Mas Ottilie, que os ouvira algumas vezes tocar sonatas, parecia ter aprendido apenas a maneira como Eduard acompanhava a mulher. Ela incorporou seus defeitos de tal modo que da carência se fez uma viva totalidade, que não mantinha um andamento regular, mas soava muito simpática e

agradável. O próprio compositor ficaria feliz em ver sua obra desfigurada de modo tão gracioso.[35]

O amor de Ottilie por Eduard a leva a preferir segui-lo em seus erros que a respeitar a partitura. A execução é errada, e Ottilie se adapta à tal execução (o compositor poderia medir esse erro). Mas sua execução, mesmo errada, é sob a luz da sensibilidade, agradável e prazerosa. Como se as afinidades que ligam Ottilie e Eduard lhes permitissem errar junto·a·s de maneira harmoniosa.

Quando se trata de estética, o que significa errar, tocar errado, estar certo ou errado? Se, do ponto de vista da partitura, a execução é errada, podem eles estar errados em tocar assim se produzem uma música agradável — algo que até mesmo o compositor poderia reconhecer? Seja como for, a conexão vem antes da regra e traça um mundo sensível (audível) agradável. Ao contrário, o respeito à regra transcendente isolaria os músicos e produziria um caos inaudível, notas vazias de sensibilidade. Mas ao invés disso, Ottilie e Eduard compartilham, mais do que regras, mais que uma partitura, uma sensibilidade — se ligam uma ao outro, menos conforme a regra, que conforme essa sensibilidade ao outro·a. Ou seja, ele e ela realmente se conectam, escutando e acolhendo um ao outro, modificando-se um ao outro e um pelo outro.

O critério sensível do audível, do agradável, e penso, do habitável (porque é um mundo sonoro habitável e agradável que assim é desdobrado), vem, portanto, antes de aplicação me-

---

35 Goethe, *Les Affinités électives*, tradução de Jean-Jacques Pollet, Flammarion, GF, Paris, 2009. [N.T. Reprodução de trechos longos segundo edição brasileira de *As afinidades eletivas* publicada em 2014, pela Penguin Classics Companhia das Letras, com tradução de Tercio Redondo; presente excerto, p.85.]

tódica e matemática da regra. E o que torna o mundo habitável é a partilha das sensibilidades que favorecem as afinidades.

A potência sensível das afinidades é sublinhada pelo texto, que convida a colocar esta cena em relação a outras duas. Uma primeira, onde Charlotte e Eduard tocam juntos. Charlotte tocava bem piano; Eduard tinha mais dificuldade em tocar flauta. Ele interpretava sua parte de maneira desigual: às vezes rápido demais; às vezes tropeçando em certas passagens.

> (...) para qualquer um, seria difícil fazer um dueto com ele. Mas Charlotte sabia acompanhá-lo; retardava o andamento para em seguida deixar-se levar pelo ritmo novamente acelerado do parceiro. Desse modo, cumpria uma dupla tarefa: ser um bom maestro e uma inteligente dona de casa, capaz de preservar a harmonia do conjunto, embora certas passagens fugissem ao compasso.[36]

Charlote tocava bem, enquanto Ottilie tinha que trabalhar muito para conseguir acompanhar Eduard; porém, como Goethe precisará, quando chegarmos ao duo que formarão Eduard e Ottilie — enquanto Charlotte resolvia a situação sozinha, se adaptando aos erros de Eduard graças a sua habilidade e a um esforço da vontade —, Ottilie terá se apropriado de seu espírito. Como se, por parte de Charlotte, fosse necessário fazer um esforço racional, consciente, voluntário, para manter um duo um tanto vacilante; enquanto com Ottilie há um verdadeiro acordo, e só esse acordo das sensibilidades produz uma música não laboriosa, mas agradável. A metáfora é clara: Charlotte procura manter pela força, sozinha, de cima (de uma posição de maestro), com a ajuda da regra, um casamento que

---

36 *Op. cit.*, edição brasileira, p.38.

se desfaz, enquanto a união de Ottilie e de Eduard é imanente, óbvia, recíproca e sensível.

No final do romance, num momento em que a reconfiguração afinitária é aceita, os quatro personagens tocam juntos, em uma "atmosfera amigável":

> O major [antes capitão], ao violino, acompanhava o piano de Charlotte, assim como a flauta de Eduard se ajustava à maneira com que Ottilie tocava um instrumento de cordas.[37]

Não é mais Ottilie que se adapta à Eduard, é Eduard que "se ajustava" ao seu toque, como se ele próprio tivesse sido afetado por essa relação musical — e o laço e a harmonia parecem ainda mais profundos.

Essa cena indica também que não é necessário ser um brilhante especialista em música para tocar uma música possível de ser apreciada por todos, encontrando em sua execução uma "fonte de alegria". Ela anuncia assim o elogio ao amadorismo que faz o narrador, algumas páginas adiante, a propósito de um arquiteto que se ocupa com as pinturas de uma capela:

> É deveras agradável a sensação de nos ocuparmos de um assunto que não conhecemos bem, pois ninguém tem o direito de censurar o diletante quando ele se aventura numa arte que jamais dominará por inteiro, e ninguém pode reprovar o artista quando ele extrapola as fronteiras de sua arte e avança sobre domínio vizinho.
>
> Foi com esses modestos pensamentos que observamos as medidas que o arquiteto tomou para pintar a capela. As cores haviam sido preparadas, a mensuração, finalizada, e os moldes encontravam-se prontos; ele renunciara a toda e qualquer

37 *Op. cit.*, edição brasileira, p.298.

> invenção, atinha-se a seus esboços. Sua preocupação consistia apenas em distribuir habilmente as figuras que pairavam ou que se achavam sentadas, a fim de que a superfície fosse preenchida com elegância.[38]

Ao especialista como ao gênio original, Goethe contrasta aqui o amador que tem gosto e que cria, no âmbito de um círculo benevolente e horizontal, para o prazer de todos. A teoria do gosto está no plano de fundo desse texto, com o que ela supõe de oposição entre o gosto e a regra, a companhia e o poder, do primado de uma sensibilidade compartilhada sobre o respeito a um código imposto de cima.

O gosto pela companhia sustenta, portanto, uma estética da criação e da recepção, que se materializa, escreve Ottilie em seu diário, pelo tipo de encomenda que recebe o artista e pelo público a que ela se dirige. Ao artista, que cria para um cliente particular que nunca verá, e que deve "apelar a seu senso estético para conceber espaços dos quais ele próprio deve se excluir" — o que conduz, ela pensa, a uma certa indiferença —, ela opõe aquele que tem "por vocação se encarregar quase que exclusivamente dos edifícios públicos, que pertencem a todos, e, por consequência, também aos artistas", o que ela vê como um progresso[39]. A arte é então destinada à comunidade, a qual é levada em conta no processo de criação. A forma do belo não é indiferente ao artista que viverá nas aparências que cria: trata-se do prazer que pode aí haver em habitar algum lugar. É sem dúvida a razão pela qual o romance privilegia, entre as artes, a música, a arquitetura, a paisagem. Os personagens passam o tempo organizando a paisagem, como esse "amador e conhecedor de jardins" que "tinha um prazer manifesto em

38 *Ibid.*, p.172.

39 *Op. cit.*, edição francesa, p. 205.

tomar parte em tudo o que pudesse tornar a vida mais bela e digna de interesse", e cuja presença modificava o gosto dos outros, ensinando-lhes a "gozar plenamente a paisagem"[40].

A dimensão política dessa estética é evidente quando Ottilie passa abruptamente dessas considerações sobre o artista e seu público para a narrativa de um mito antigo. Ancestrais que estão sentados em círculo dão boas-vindas aos seus amigos, seu gesto amigável indica aos recém-chegados para que tomem o lugar que lhes agradar[41]. Como para dizer que a prática artística (organizar o espaço, fazer música), como a amizade, torna o mundo acolhedor, tem algo de comunitário: ela não responde a uma lei nem à originalidade de um gênio singular, mas a um gosto que se compartilha em companhia e que faz caducar a separação entre artista e espectador.

Um pensamento do mundo conduz, então, a inscrever o belo na comunidade, o gosto em uma sensibilidade compartilhada, e a fazer da companhia um critério para o julgamento e para a criação. É sem dúvida o que faz com que a relação com as companhias e a relação com as obras sejam análogas: sensíveis, móveis, excluindo toda autoridade. A companhia é apreciada, valorizada e, da mesma forma que nenhum gênio ou nenhuma regra impõe sua marca à criação, nenhuma hierarquia, nenhuma lei, nenhum especialista em relacionamento estrutura ou define os contornos de uma companhia. As personagens de *As afinidades eletivas* vivem mais frequentemente em "companhia" umas das outras, uma companhia vista como boa — "temos gosto em passar em tão boa companhia esses dias"[42] — mas cuja composição não é estável: ela flutua, ao gosto das vontades, das chegadas e das partidas de um·a·s e de outro·a·s.

40 *Ibid.*, p. 271.
41 *Ibid.*, p. 205-206.
42 *Op. cit.*, edição francesa, p. 223.

De maneira comparável, habitar o mundo é diverso e flutuante: não se trata de um domínio do meio-ambiente. Apesar de todos os trabalhos de planejamento feitos pelas personagens, as águas se reúnem e reconstituem o lago de montanha que cobria outrora a região (são essas águas que carregam a criança [que morre afogada] nascida de uma noite onde Charlotte e Eduard pensaram, juntos, respectivamente no capitão e em Ottilie). Como sublinha Walter Benjamin, as afinidades subterrâneas vencerão a instituição[43]. Paradoxalmente, à primeira vista, o paisagista amador, que tem tanto prazer em arranjar o mundo, não se fixa em nenhum lugar ("A cada vez escolhemos morar em algum lugar, mas para nos mudarmos novamente" — por vontade, diz ele, capricho, acaso de sentimentos, ou sob a pressão das circunstâncias ou da necessidade), o que deve ser comparado à sua crítica ao "desperdício" que constitui o fato de procurar "sempre preparar o futuro", tema retomado por Le Comte a propósito do casamento: "Há alguma coisa estranha em querer que as coisas durem para sempre quando tudo está se movendo ao seu redor"[44].

Em outras palavras, essas relações com os outro·a·s e com o mundo, que são a companhia e a habitação, permanecem moventes, pois elas são do domínio de eleições nascidas da conjuntura, ligadas ao gosto, e não de decisões racionais e irremovíveis. Fixá-las seria passar para o lado da instituição, da regra, da razão, e negar a vida do sensível.

A cena do duo musical diz que o acorde sensível, imanente à relação, é mais harmonioso, mas também mais forte, e mais bonito que aquele imposto pelo respeito a uma lei transcen-

---

43 Cf. Walter Benjamin, « Les Affinités électives de Goethe », dans *OEuvres*, I, tradução de Maurice de Gandillac, Rainer Rochlitz et Pierre Rusch, Paris, Gallimard, 2000, Folio, p. 286.

44 Goethe, *Les Affinités électives*, *op. cit*, p. 124.

dente, o que é o cerne da proposta desse romance que mostra um casamento, o de Eduard e de Charlotte, esvaziado de tudo aquilo que o animava pelo nascimento de novas afinidades.

Uma teoria das afinidades, que dá a chave de leitura para a trama, é explicada pelas personagens no capítulo quatro. Um modelo físico e químico convida a pensar uma atração subterrânea, sensível, que inclina os seres uns para os outros sem que isso nasça de uma decisão. As afinidades produzem assim laços que não são se relacionam nem com o sangue (o que sublinha Charlotte: "Percebo, quanto a mim, as afinidades entre os seres como parentescos fundados não pelo sangue, mas muito mais pelo espírito ou pela alma"[45]), nem com a lei, isto é, nem com a identidade ou com um legado, nem com o reconhecimento pela razão de uma instância superior. Elas estão, portanto, em conflito com os laços de sangue (Ottilie, por Eduard, arrancará o medalhão em que era reproduzido um retrato de seu pai), com as instituições, que elas podem arruinar (como lembra Eduard: "As afinidades tornam-se interessantes a partir do momento em que elas engendram divórcios"[46]), e, finalmente, em conflito com a razão, com o dever, com o sagrado, com tudo o que poderia surgir de uma lei que transcende o sensível:

> Há coisas a que o destino se opõe com grande tenacidade. É em vão que a razão e a virtude, as obrigações e tudo aquilo que é sagrado atravessam seu caminho: há de acontecer o que é justo para ele e que para nós parece injusto; ao fim e ao cabo, ele intervém decididamente, não importando a maneira como venhamos a nos portar.[47]

---

45 *Op. cit.*, edição francesa, p. 80.

46 *Ibid.*, p. 81.

47 *Op. cit.*, edição brasileira, p.275.

É quando elas se deparam com os obstáculos que constituem, a seu ver, o sangue e a lei, que as afinidades aparecem em estado puro pelo que são: precisamente afinidades, inclinações sensíveis que nada autorizam além de si mesmas, que tiram sua força apenas de si mesmas (o que é a fonte, segundo Charlotte, "das amizades verdadeiramente fortes"[48]). Enquanto as novas afinidades não fazem divergir Eduard e Charlotte, a lei do casamento é indissociável da inclinação.

A lógica afinitária aparecendo como tal, quando contradiz a do sangue e da lei, ela é, por sua simples existência, exigência de que os laços humanos não sejam determinados e fechados pela natureza e pela instituição — exigência, portanto, que possam ser instaurados, experimentados, deslocados, conforme circunstâncias e inclinações. Para retomar os termos da análise de Benjamin, a afinidade é eletiva, mas a vontade de inscrevê-la no tempo e na instituição faz passar da eleição à decisão, que pretende, então, coibir a eleição (que acabará por trocar de objeto e por opor-se à decisão). "A eleição é natural e pode também pertencer aos elementos, a decisão é transcendente"[49]; a afinidade é eletiva, mas o casamento é uma questão de decisão. As afinidades são assim da ordem de uma escolha, mas uma escolha cega e sensível, que tem sua origem nas "regiões obscuras resistentes à lógica"[50], onde as palavras são impotentes[51]. Elas são uma questão de escolha se as opusermos às restrições familiares, costumeiras, institucionais, legais, e se mantivermos sua parcialidade em mente ("O ódio é sempre

48 *Op. cit.*, edição francesa, p. 80.

49 Walter Benjamin, « *Les Affinités électives de Goethe* », *op. cit*, p. 375 sq.

50 Goethe, *Les Affinités électives*, *op. cit*, p. 182.

51 *Ibid.*, p. 170.

parcial, mas o amor é mais ainda"[52]), desde que não pensemos nisso como uma livre escolha, porque elas não têm nada de uma livre decisão controlada. É preciso distinguir a eleição e a escolha de um lado, as decisões de outro.

> "Aqui se veem uma separação e um novo composto; acreditamos então que o emprego do termo *afinidade eletiva* está justificado, pois temos a impressão de que uma relação foi realmente favorecida, de que houve uma escolha em detrimento de outra." [disse o capitão]
> "Desculpe-me", disse Charlotte (...). "Neste ponto eu jamais identificaria uma escolha; percebo no máximo uma necessidade natural, pois no fim das contas trata-se de uma questão de oportunidades".[53]

Há preferência, daí as ideias de escolha, por afinidades eletivas, mas preferência que escapa ao controle, que vem do sensível, da conjuntura, dos encontros. Nem a lei, nem a lógica, nem a natureza governam as afinidades.

Enfim, na medida em que as afinidades aparecem como puras afinidades por oposição ao fato que lhes faz obstáculo, elas são sempre imediatamente situadas num mundo, natural e institucional, que as exclui (Eduard e Ottilie só se unem na morte), ou que, se as aceita, é transformado. Dessa maneira, elas estão sempre em uma relação conflituosa com um mundo; daí o surgimento, escreve Benjamin, dos espíritos conjurados que têm os amantes, ligados fora do mundo e contra o mundo, um mundo em que as afinidades se perdem se elas não podem destruí-lo para criar outros (como o duo musical que maltrata uma partitura para criar uma outra música). O laço

52 *Ibid.*, p. 149.
53 *Op. cit.*, edição brasileira, p.57-58.

afinitário é parcial, experimentado na hora contra um mundo e por um outro.

Rapidamente, Goethe indica que haveria um fio político a ser traçado a partir daí, e parece que ele o esboça em contradição ao seu próprio argumento. "O que mais se assemelha a esses elementos inanimados são os corpos sociais que se confrontam no mundo, as classes, as corporações, a nobreza e o terceiro estado, o exército e a sociedade civil", e que podem ser reunidos, continua, por costumes, por leis, como os elementos químicos repelentes entre si podem sê-lo graças a catalizadores. Ele não dirá mais nada. Mas o pensamento da arte opondo o gosto e a companhia à regra, como a pintura de relacionamentos amorosos opondo afinidades ao casamento, é o suficiente.

II. O GOSTO DO MUNDO

Se guardamos da experiência estética a forma de relação com o mundo que ela supõe, podemos ver aí uma experiência que produz uma disposição política e que aproxima a sensibilidade política da sensibilidade ao belo. É o que faz Hannah Arendt em "A crise da cultura" e em *Lições sobre a filosofia política de Kant*.

A sensibilidade ao belo testemunha, de fato, uma relação com o mundo para a qual nem tudo se reduz ao útil e ao consumível (para Hannah Arendt, essa é a própria condição da constituição de um mundo: existe um mundo a partir do momento em que os seres humanos constroem coletivamente, de maneira horizontal, as condições estáveis de sua existência, o que lhes permite habitar algum lugar, um lugar construído que compartilham e com o qual se preocupam junto·a·s, o que implica prestar atenção à sua aparência, às suas formas).

Enquanto ser indiferente às formas testemunha uma alienação do mundo; apreciar a arte (ou apreciar a natureza independentemente do que ela possa nos fornecer) é ter um interesse sensível pelo mundo, que não se reduz a si mesmo·a. "Para os julgamentos de gosto, é o mundo que está em primeiro lugar e não o homem"[54]. O que aproxima o sentido estético do sentido político: "Em política, a preocupação com o mundo prevalece sobre a preocupação consigo mesmo"[55]. De uma certa maneira, o gosto do belo atesta esse gosto do mundo que está no cerne de qualquer disposição política (quando a política não é desviada no carreirismo ou reduzida por aspirações tirânicas à dominação). O sentido estético e o sentido político têm isso em comum: eles voltam a atenção às maneiras de organizar e de habitar o mundo.

É, aliás, essa maneira de considerar o mundo que foi capaz de conectar, de acordo com Hannah Arendt em "A crise da cultura", segmentos sociais muito díspares (artistas, revolucionários, proletários, homossexuais, judeus....), nos séculos XVIII e XIX, pela aversão comum que eles tinham a uma sociedade que, reduzindo todo valor à utilidade, alienou-se do mundo. Essa hipótese de interpretação é, sem dizer, afinitária: a ideia de que alianças puderam ser engendradas, para além das identidades sociais, a partir de uma sensibilidade compartilhada: sensibilidade para com o mundo e suas formas, sentimento de que uma partilha do mundo é pouco provável com pessoas indiferentes à sua aparência (ou que veem nisso apenas recursos indiferentes em si mesmos).

O que está em jogo, no interesse sensível pelo mundo enquanto tal, é a possibilidade de achá-lo ou de torná-lo habitável, de poder estar bem ali (ao invés de o sujeitar a sua do-

---

54 « La Crise de la culture », *op. cit.*, p. 284.
55 *Juger : sur la philosophie politique de Kant, op. cit.*, p. 82.

minação para o poder explorar). É porque o gosto é ao mesmo tempo discriminatório, seletivo, parcial (preferimos certas formas a outras) e, ao mesmo tempo, intersubjetivo, levando em conta a apreciação de outro·a·s. É assim que o gosto é " desbarbarizado", escreve Hannah Arendt: nem toda forma convém, o modo como o mundo se apresenta não é indiferente, e julgar supõe levar em conta a sensibilidade de todos aqueles e todas aquelas envolvido·a·s, o que testemunha um gosto pela vida em companhia. Ser sensível ao fato que o mundo é compartilhado conduz a ver "o caráter público da beleza"[56].

Poderíamos objetar que é possível ter uma sensibilidade às formas, apenas por ver nessas formas uma projeção narcísica de si. Podemos querer dobrar o mundo nas formas que gostamos para aí deixarmos a marca de nosso gênio criador. Mas assim o gosto das formas não teria muito de um gosto do mundo. Seria apenas uma questão de difundir seu eu. Já vimos como Goethe fazia oposição entre o gênio e o gosto compartilhado dos amadores, e como indicava o significado muito particular de tal oposição quando se tratava de arquitetura ou de paisagem. Nessas áreas, "o caráter público da beleza" não poderia deixar dúvida, e a indiferença ao público, ao mundo, às pessoas, seria ainda mais significativa. Portanto, não é surpreendente encontrar, sob a pena de uma musa frenética do ultraliberalismo, Ayn Rand, o retrato (caricatural, mas provavelmente não era esse o objetivo) de um arquiteto totalmente autocentrado*. Podemos seguir Stéphane Legrand no retrato que faz dela[57]: "Rand instala [...] a autonomia absoluta

56 « La Crise de la culture », *op. cit.*, p. 283.

* N.T. A autora se refere ao arquiteto Howard Roark, personagem principal do romance *The Fountainhead* de Ayn Rand, publicado em 1943. [*A Nascente*, Vide editorial, 2019].

57 Stéphane Legrand, *Ayn Rand, femme capital* [mulher capital],

do criador, que não tem contas a prestar senão a ele mesmo e que não se preocupa de nenhuma forma em "servir" a algo ou alguém, mas unicamente em realizar *sua visão*". Somente conta "o grau de realização que lhe traz o desenvolvimento de seu projeto e de sua ideia estética". A ideia de que a arquitetura possa levar em conta os desejos dos futuros habitantes de um lugar não lhe passa pela cabeça. Ele ama as formas e não é indiferente à forma do mundo, mas isso não significa, contudo, que o mundo possa vir, a seus olhos, antes de si. "Eu não gosto da forma das coisas sobre essa terra. Eu as quero mudar. — Para quem? — Para mim."[58] Em toda sua coerência, o arquiteto em questão tem por única bússola "a integral fidelidade às suas convicções", ele é sem laços ("Não me interroguem sobre minha família, minha infância, meus amigos ou meus sentimentos. Perguntem-me o que eu penso"). Stéphane Legrand assim comenta: "viver *com* os outros não é de seu ponto de vista uma opção (...)."[59]

A sensibilidade às formas não é necessariamente o signo de um interesse sensível pelo mundo, de uma sensibilidade à coexistência. As maneiras de gostar das formas indicam o que seja possível junto·a·s — talvez nada. Há poucos laços possíveis com aquele ou aquela cuja maneira de amar é puramente egocêntrica e que se recusa a levar em conta tudo o que não seja ele ou ela. Tal disposição tem um sentido político — e a obra de Ayn Rand era um livro de propaganda política, que, de maneira desconcertante e constrangedora, teve um sucesso considerável. (Aderir em massa a uma maneira de ser baseada no desprezo aos outro·a·s, colocar-se ao lado daqueles e daquelas que recusam tudo *com*, desejar se relacionar com aqueles

Nova éditions, 2017, p. 73 – 74.

58 *Ibid.*, p. 79.

59 *Ibid.*, grifo meu.

e aquelas que recusam todo laço...). Ela tem essa política que desenha uma forma de mundo, que me parece difícil de achar habitável, mas é uma questão de sensibilidade e de propaganda. E ela tem essa antipolítica que repousa sobre a negação da coexistência e que propõe, ao invés de um mundo, o reino das vontades individuais sem ligações entre elas.

Hannah Arendt e Ayn Rand foram contemporâneas. Elas desenharam duas maneiras de se relacionar com o belo politicamente significantes e totalmente opostas. Entre as duas, escolhemos por afinidade. É uma questão de gosto — isto é, de sensibilidade às consequências desses pensamentos no mundo.

No romance de Ayn Rand, o arquiteto imbuído de seu gênio, achando que seu projeto de conjunto habitacional urbano não satisfaz suficientemente sua ideia, o explode (pouco importa que isso prive pessoas de um teto). Isso talvez ilustre a ideia arendtiana segundo a qual há algo de "bárbaro" no gosto não elaborado na partilha de sensibilidades, ideia ligada a essa tese claramente reformulada por Kant: o gosto do belo aspira ser partilhado, sem que isso passe pela coerção ou pela manipulação.

É assim que o século XVIII concebe as coisas: constituído em companhia, o gosto vai além da subjetividade egocêntrica e tende para uma certa imparcialidade (pensa-se com outro·a·s e não somente com relação a si mesmo·a). Mas é preciso acrescentar que, ao mesmo tempo, vinculado à companhia dentro da qual evoluímos, ele tem qualquer coisa de parcial. Ama-se com, e com aqueles e aquelas cuja companhia elegemos. E, não apenas amamos aqueles ou aquelas que escolhemos, mas nos entre-escolhemos uns e umas aos outro·a·s a partir de "parentescos em matéria de gostos e aversões". Hannah Arendt observa assim que "tudo se passa como se o gosto decidisse não somente como ver o mundo, mas também a quem se pertence nesse mundo".

Aqui, novamente, podemos ver uma lógica afinitária em ação. Se nossas sensibilidades ao mundo são compartilháveis, então é possível e mesmo desejável que vivamos uns e umas com os outro·a·s. Podemos ver aí um princípio aristocrático, escreve Hannah Arendt, um critério distintivo de seleção e de distinção delimitando um entre-si [*entre-soi*], mas ela vê aí outra coisa: meus gostos dizem que pessoa eu sou, isto é, como eu me relaciono com o mundo, a que eu sou sensível. Quando conheço os gostos de alguém, suas maneiras de se relacionar com o mundo, de levar em conta os outro·a·s, é de fato sua maneira de ser em relação que percebo, e essa percepção é imediatamente a sensação de que um laço com ela ou ele seria desejável (ou não). Segundo essa modalidade, o co-pertencimento não é identitário, não é conformista, ele é político: nós nos entre-pertencemos entre pessoas cujas maneiras de se ligar e de organizar o mundo podem se encontrar.

Se dentro desse parentesco de gostos e aversões, nesse co-pertencimento, podemos ver uma fonte afinitária, então, podemos dizer que as finidades estão voltadas para o mundo, e não para aqueles ou aquelas a quem elas nos inclinam. Trata-se de atração por maneiras de se relacionar com o mundo, e não de reconhecimento identitário. É entre os gostos que há afinidades, quer dizer, entre as sensibilidades às maneiras de coexistir.

A estética tem, portanto, algo de político, na medida em que o gosto pelas coisas belas revela uma sensibilidade para com o mundo e uma sensibilidade para com a coexistência; a questão é que o mundo seja habitável, na medida em que gostos são fontes de afinidades e que revelam a possibilidade ou a impossibilidade de relações, de partilha.

Mas isso não acontece sem tensões. Para que o mundo seja verdadeiramente habitável, é preciso que ele seja para todas e todos; mas parecerá a cada um e a cada uma, que certas pessoas, certas maneiras de ser, certas ideias o tornam inabitável e que, portanto, devessem ser evitadas ou proscritas.

Seria então uma questão de tonar atrativa a forma de um mundo que acreditamos habitável, sem torná-lo inabitável pelas práticas de coação, de discriminação e de dominação.

O gosto permanece preso entre um horizonte de universalidade e uma dimensão eletiva e aristocrática. Entre uma consideração da humanidade e uma inscrição em tal ou qual companhia.

Pensar *com*, isto pode consistir em expandir o pensamento levando em conta as perspectivas de outro·a·s — idealmente as de todas e todos os outro·a·s —, isto pode também consistir em pensar com suas e seus amigo·a·s, com aquelas e aqueles que apreciamos os gostos e a companhia.

Encontramos, no campo estético, a tensão política entre trabalhar pela coexistência ou abrir pequenos espaços para maneiras de viver desejadas e compartilhadas por afinidades. Com a esperança de que elas se atraiam e se espalhem. A tensão permanece: privilegiar a multiplicação de laços ou a sua seleção (com a ideia de que a atração permitirá também a multiplicação). (Mas não é certo que a coexistência tenha sido levada em consideração rio acima.)

CAPÍTULO III

PENSAR COM: TOMAR PARTIDO E LEVAR EM CONTA

O pensamento político parece então preso entre um horizonte de imparcialidade e exigências de parcialidade.

Por um lado, *pensar com*, é pensar levando em conta as perspectivas de outro·a·s, a fim de apreender o mundo desde a pluralidade das perspectivas que o constituem. Assim o pensamento pode satisfazer a exigência de imparcialidade inerente à ideia de justiça. Ele satisfaz também a exigência de tornar o mundo comum, e responde a essa condição existencial que é a coabitação não escolhida. Um gosto pela companhia, uma sensibilidade ao fato de que somos um ou uma entre outro·a·s, dispõe a tal modo de pensamento.

Por outro lado, *pensar com* é também escolher com que nos juntamos, a quem fortalecemos, com quem, concretamente (com quais aliado·a·s, com quais amigo·a·s), vamos pensar e nos vincular. O pensamento é então parcial. O horizonte do mundo comum parece perdido, assim como a justiça (salvo se escolhermos contra aqueles e aquelas que destroem o mundo comum, tomando partido daqueles e daquelas que aspiram a um mundo aberto e igualitário). Assim, o pensamento responde a essa condição política que é nossa necessária situação nas relações conflituosas. Uma sensibilidade à conjuntura, às relações de força, e uma sensibilidade às maneiras de ser preferidas por outro·a·s dispõem a um tal modo de pensamento.

Até onde podemos sustentar, sem perder de vista a preocupação com a coexistência, uma reivindicação assumida ou mesmo uma exigência de parcialidade? E, acima de tudo, o que produz a aceitação da parcialidade?

I. LEVAR EM CONTA: A ESCOLHA DA COEXISTÊNCIA

A exigência de imparcialidade é política, pois supõe abrir espaço às perspectivas individuais: sair de si, das fronteiras

dos clãs, para levar em conta os pontos de vista de outro·a·s. Compartilhar perspectivas cria laços. Pode-se até mesmo crer que ela possibilite alcançar uma certa objetividade: de fazer, a partir do múltiplo, o um.

Em artigo dedicado a Sócrates, Hannah Arendt opõe uma maneira política de criar a unidade, partindo da multiplicidade dos homens, das mulheres, de suas experiências do mundo e de suas relações, à maneira filosófica (escreve ela), que parte do conceito normativo, de que cada um·a pode pensar sozinho·a, o que transcenderia o mundo e que, em seguida, seria imposto do exterior ao múltiplo. Ela faz da experiência da amizade, que tem por hábito levar em conta o ponto de vista de outro·a·s em igualdade com o seu, o que predispõe a uma partilha das sensibilidades. Em outras palavras, o que politiza a sensibilidade. ("Esta forma de compreensão — ver o mundo do ponto de vista do outro·a (como dizemos banalmente hoje) — é o discernimento político por excelência."[60])

---

60 « Socrate », *Qu'est-ce que la politique ?* Tradução de Carole Widmaier et Muriel Frantz-Widmaier, et Sylvie Taussig, Paris, Le Seuil, 2014, p. 65. [Sócrates. *O que é política*?]

Ela acrescenta que o indivíduo político é então caracterizado pela arte de compreender o maior número de perspectivas possíveis, por dispor as pessoas a levar em conta as perspectivas de outro·a·s, e por trazer suas próprias perspectivas aos olhos de outro·a·s. Ele seria assim capaz de criar laços e um comum (ao contrário do tirano que só estabelece sua dominação dividindo, separando, isolando).

O gosto do belo lhe serve de modelo para pensar a produção de um julgamento imparcial e comum, primeiro porque podemos amar o belo sem que ele seja útil para nada (enquanto o bem o é sempre, de uma maneira ou de outra), em seguida porque ele se elabora a partir do sensível e da intersubjetividade, e enfim porque, contrariamente à ideia do bem, da qual podemos sempre ter a tentação de fazer uma norma, de deduzir leis, a ideia do belo não deixa espaço para a pretensão de legislar. O gosto do belo é visto aqui como uma forma da sensibilidade que a politiza, voltando-a mais para a multiplicidade sensível que para a busca racional de normas.

Mas esse modelo pode sair pela culatra: o prazer estético, puramente contemplativo, pode deixar mais longe da ação e de toda tomada de partido. Assim como se pode criticar uma predileção pelo "*riot porn*"* indiferente às conjunturas, às relações de força, às aspirações de seus atuantes, da mesma forma que Hannah Arendt criticava a relação de Kant com a Revolução Francesa: ele falava de entusiasmo, mas não de compromisso (ele estava mesmo entusiasmado pelo evento enquanto condenava seus atores: ele era, sem dúvida, mais sensível — moral-

* N.T. *Riot porn* é a exibição sensacionalista, para fins de entretenimento, conduzida por "várias formas de mídia que mostram pessoas se revoltando, protestando ou atacando, e que são vistas por valor de diversão. Geralmente envolve força policial e brutalidade excessivas" https://www.urbandictionary.com/.

mente, portanto, e não politicamente — ao advento da ideia, ao progresso histórico da lei, que à conjuntura política, a uma luta inscrita nas relações de dominação. Ele era sem dúvida mais movido pela ideia que pelo real).

Pode-se ser espectador ou espectadora livre e solitário·a, o mais longe de toda tomada política de partido. A imparcialidade é então, dessa vez, fonte de despolitização.

O problema com a imparcialidade é que ela pode se tornar insensibilidade. Partir da multiplicidade das perspectivas para reivindicar chegar a uma visão imparcial de um problema político é desenvolver um ponto de vista geral que negligencia os pontos de vista particulares. A própria Hannah Arendt ressalta que tal ponto de vista pouco ajuda quando se trata de se orientar na política: "levar os outros em consideração" para ter uma ideia "não diz como podemos nos associar a eles para agirmos"[61]. Eu acrescentaria que isso diz menos ainda com quem podemos nos associar para agir. Sobretudo se todas as perspectivas são postas em igualdade. Sobretudo se elas são imaginadas, sem que haja realmente um encontro.

Com efeito, levar em conta as perspectivas de outro·a·s pode permanecer uma concepção muito abstrata do pensamento *com*. Pode-se perfeitamente fazê-lo numa solidão análoga à solidão teórica. É, aliás, assim que Hannah Arendt concebe o que ela chama, a partir de Kant, de o "pensamento representativo", pelo qual se pode levar em conta os pensamentos de outro·a·s "estando completamente isolado" e "imaginando" seus pontos de vista, o que bastaria para que não se fosse "simplesmente sozinho consigo mesmo, mesmo na solidão do pensamento filosófico"[62]. Isso pode causar perplexidade. Temos o direito de nos questionar sobre o estatuto dessas

61 *Juger : sur la philosophie politique de Kant*, *op. cit.*, p. 73.
62 « *Vérité et politique* », *op. cit.*, p. 307.

e desses outro·a·s em quem pensaríamos enquanto estivéssemos sozinho·a·s, bem como sobre o gosto real de outro·a·s e da companhia daquele ou daquela que "fugiu [e foge]" de toda companhia e se isola enquanto levando em conta os "outro·a·s" para pensar — poderíamos ver nisso uma maneira completamente filosófica de (não) encontrar o outro·a.

Acrescentemos, então, que *pensar com* consista antes em *pensar "no lugar de"*, em "fazer-se representante de" outro·a·s. Ora, pensar no lugar de alguém pode certamente querer dizer se perguntar "como nós sentiríamos [ele/ela sentiria] e pensaríamos [ele/ela pensaria] se estivéssemos [se ele/ela estivesse] no [seu] lugar", de modo a pensar a partir do lugar de outro·a,
de "estar e pensar a partir da identidade [própria de outro·a] onde realmente não estamos [e não somos]". Experiência de descentramento, de pensar fora de si, portanto. Mas isso também pode querer dizer pensar, mais que no outro·a, no lugar do outro·a, a sua situação. Experiência de captura de sua voz, de confisco de sua palavra, que encontramos na infeliz formulação: "pensamento representativo".

(Para fazer compreender a ideia de pensamento representativo, em "Algumas questões de filosofia moral", Hannah Arendt dá o exemplo da consideração de uma favela[63]: deveríamos tentar imaginar como nos sentiríamos se tivéssemos que viver lá e, disto que pensássemos, o que poderia ser diferente do que pensariam efetivamente os residentes habituado·a·s a essa situação. Nosso julgamento pessoal elaborado depois de ter levado em conta as perspectivas dos outro·a·s seria, aos olhos de Hannah Arendt, imparcial e melhor que o dos residentes, mais distanciado. Novamente, é ambivalente: podemos achar ofensiva a ideia de que possamos pensar melhor uma situação que as pessoas presas à ela, que estariam necessaria-

63 « *Questions de philosophie morale* », *op. cit.*, p. 165.

mente alienadas demais para emitir um bom julgamento sobre isso, e achar razoável a consciência de sempre pensar a partir de nossa própria voz e não na de outro·a·s.

Mas, não há aí o *pensar com*. Há somente o levar em conta uma *condição*, e não a partilha de uma *experiência sensível*.)

Evidentemente Hannah Arendt não convida a se fazer a representante de outro·a·s na cena pública (ela que criticou tanto a representação....). E podemos acrescentar que se confinar, lucidamente, para imaginar os pensamentos de outro·a·s, faz com que, ao menos, não finjamos saber o que elas e eles realmente pensam. A proposta é tornar o pensamento móvel, movê-lo de um lugar para outro, de perspectiva em perspectiva. Mas, mesmo a leitura mais generosa de sua concepção do pensamento representativo coloca um problema: se representar os outro·a·s é dar-lhes voz, em si mesmo·a, quando se pensa, se *pensar no lugar de*, é sair de si para pensar a partir de outras perspectivas, contudo, faz-se, na solidão, "o representante de quem quer que seja o outro·a", e pensar, de nossa própria identidade, onde realmente não estamos, isso faz *pensar com*? Não há aí um modo de pensar suscetível a criar laços. Não é certo que possamos chamar tal pensamento de "político".

Além disso, se a imparcialidade tem por objetivo alcançar um consenso, uma posição comum, a fronteira entre pensamento teórico e pensamento político torna-se tênue. Embora a produção da unidade seja diferente, a produção de uma unidade permanece no horizonte. O consenso deveria reunir todo mundo, como a norma teórica imposta pela razão, certamente não da mesma maneira: concordaríamos com isso, não porque seríamos compelido·a·s por uma demonstração, mas porque, de perspectiva em perspectiva, teríamos sido deslocado·a·s, mesmo assim. Hannah Arendt escreve ainda que levar em conta as perspectivas de outro·a·s permite chegar a julgamentos "válidos", pois imparciais. A verdade é substituída pela validade, mas a função é a mesma. Em consequência, a relação entre o pensamento, único e pretensamente válido, e a ação dos seres humanos, em sua multiplicidade, coloca o mesmo problema. É ainda assim problemático pretender pensar a coexistência e propor métodos de passagem do múltiplo ao uno — há aí, obviamente, um ponto cego nesse pensamento.

II. TOMAR PARTIDO: AFINIDADES NA CONJUNTURA

O pensamento representativo não escapa, portanto, ao risco da indiferença, a esse risco da "indolência" [*mollesse*] que Péricles via na prática da filosofia — Hannah Arendt menciona várias vezes esta frase extraída de sua Oração fúnebre pronunciada em honra dos atenienses e retransmitida por Tucídides: "Nós temos o gosto do belo, mas com medida; o amor pela filosofia, mas sem indolência". Amar o belo com medida significa que a escolha das coisas belas é limitada pela possibilidade de constituir um mundo harmonioso. É preciso que elas possam ser compativeis com o mundo no qual elas irão se inscrever. A consideração da coexistência limita as escolhas da sensibilidade. Reciprocamente, amar a filosofia sem indolência significa amar a filosofia sem que tal amor torne incapaz de escolher, de decidir, de se comprometer com o mundo.

Sustentar que se orientar segundo suas afinidades, por definição seletivas, ao invés de por razões objetivas, tem um sentido político, é então afirmar que a parcialidade pode ter um sentido político. Certas análises de Hannah Arendt vão nesse sentido. Quando ela faz o retrato de Lessing, como a encarnação da sensibilidade política, tal qual ela a concebe, é porque ele assume a parcialidade de seus julgamentos, orientando-se não a partir da verdade, da razão, ou da objetividade, mas de acordo com o efeito no mundo das obras, das ideias, de acordo com o lugar no mundo das pessoas que ele tomou partido, ou contra as quais tomou partido; ela irá mesmo dizer que é a justiça que está em jogo em tal maneira de ser e estar no mundo, porque "a justiça tem pouco a ver com a objetividade no sentido corrente do termo".

Tal proposição inverte o que parece ser o bom senso, assim como séculos de conceitualização da ideia de justiça. Compreendemos essa proposição melhor quando Hannah

Arendt especifica a maneira que Lessing tinha de tomar partido: ele dizia que "deixava em paz aqueles a quem todos desferissem golpes". Ele julgava a partir da conjuntura.

Levar em conta as perspectivas de outro·a·s é também levar em conta o lugar de onde eles e elas falam num mundo determinado socialmente, estruturado por conflitos, por relações de dominação e exclusão.

Pensar e falar com, é, então, pensar e falar com tal campo específico, com tal grupo, considerando o que ele faz com o mundo ou o que o mundo faz com ele. O processo não tem nada de consensual: é polêmico — é a "antecipação de um falar com os outros, e é, por isso, essencialmente polêmico"[64]. Pensa-se *com* e, então, *contra*.

Mas o *contra* não vem primeiro, e pode ser enquadrado pela exigência de que o *com* permanece possível. É assim que se orientava Lessing, escreve Hannah Arendt, cuja parcialidade partidária significava tomar partido pela possibilidade da coexistência, e, portanto, contra aqueles e aquelas que tornavam a coexistência impossível. Suas posições com relação ao cristianismo, por exemplo, flutuavam de acordo com a posição deste no

64 « *De l'humanité en de sombres temps* », *op. cit.*, p. 18.

mundo: abandonando a questão de sua verdade ou de sua falsidade, ora se opunha às suas pretensões a predominância, ora ele tomava sua defesa por medo que desaparecesse do mundo.

Pouco importava à verdade: o que contavam eram as relações de dominação que deviam ser combatidas, não reforçadas, e quando o Iluminismo se tornou "teologia do Iluminismo", quando a razão disferia provas como a religião pode disferir dogmas, quando ela pretendia da mesma forma submeter e converter, Lessing apoiava o cristianismo, não por seu valor, nem por sua verdade, não porque ele merecesse ser salvo, mas porque a coexistência entre a filosofia e a religião era vista como capaz de limitar as pretensões imperialistas da razão — e mais geralmente porque a pluralidade era vista como uma garantia contra a dominação. Tratava-se ao mesmo tempo de poupar aqueles e aquelas que eram atacados e de fazer a escolha por um mundo plural, de inverter as relações de força e de prevenir uma deriva despótica. Tomar partido significava escolher um mundo onde nenhum sistema hegemônico impedisse a coexistência de diferentes maneiras de viver. Tratava-se de deixar espaço para o conflito, para as disparidades, e também, portanto, para as maneiras de ser minoritárias. Daí os posicionamentos flutuantes, longe de qualquer posição identitária, porque o que contava era "a situação no mundo num dado momento". Era um tomar partido pela coexistência.

(Essa maneira de pensar que preconiza o Lessing de Hannah Arendt foi, por exemplo, defendida nos tempos que se seguiram aos atentados ao Charlie Hebdo, onde vimos opor-se aos partidário·a·s do princípio, considerado como absoluto, da liberdade de expressão e de caricatura, aquelas e aqueles que, ao contrário, defendem que caricaturar uma potência dominante não é exatamente da mesma ordem que caricaturar as crenças daqueles ou daquelas que, em uma conjuntura e sob uma longuíssima história, sempre foram atacados, e por isso — e o horror dos assassinatos não mudava em nada —, a conjuntura de dominação islamofóbica tornava um pouco difícil "ser Charlie"*.)

(Poderíamos reinterpretar a partir daí, por analogia, a ideia de desbarbarizar o gosto: é bárbara a capacidade egocêntrica de ter seu prazer estético, em se divertir, em rir, na indiferença total ao que uma obra, um discurso, um desenho ou uma piada produzam em matéria de dominação, de humilhação, de segregação.)

Pensar com, portanto, não é levar em conta o que poderiam ser as perspectivas de outro·a·s, não é ter em vista uma comunidade fictícia, que pudéssemos conceber legalmente a ampliação ao infinito, é pensar com os grupos envolvidos nas relações de poder, cujas perspectivas não são conciliáveis com as de outros, pois os mundos que desenham são incompatíveis. *Falar com* é então, também, *opor-se à*, tomar posição, e contribuir para reforçar ou para enfraquecer esse ou aquele âmbito específico. É falar com pessoas que consideramos como amigas políticas, ou com quem gostaríamos de nos tornar amigo·a·s político·a·s.

---

* N.T. Em alusão ao *slogan* "*Je suis Charlie*" ["Eu sou Charlie"], então viralizado nas redes sociais, como demonstração de apoio à liberdade de imprensa e de repúdio ao atentado ao semanário satírico francês Charlie Hebdo, ocorrido em 2015, que resultou em mortos e feridos.

III. MANEIRAS DE PREFERIR

Vimos, portanto, a necessidade e as insuficiências políticas da imparcialidade e da parcialidade, bem como a dificuldade que há em pensá-las até o fim — parece que nisso Hannah Arendt fracassa.

De um lado, o pensamento, para ser político, deve tender à imparcialidade e levar em conta a coexistência, mas o pensamento representativo, que é uma maneira de fazê-lo, acaba por perder o político (os outro·a·s são mais imaginado·a·s que levado·a·s em conta, e há ainda uma pretensão à unidade).

Por outro lado, o pensamento, para ser político, deve levar em conta a conjuntura e tomar partido, mas aqui, novamente, a ideia pára antes de ser implantada até o fim: no final, só é defendida, e mesmo considerada, a tomada de partido pela coexistência imparcial. A parcialidade pela dominação? O problema não está colocado.

De um lado, a consideração da coexistência é muito abstrata, do outro, a lógica afinitária não parece assumida até o fim.

Esse último ponto cego conduz a colocar a questão: as afinidades são discriminatórias, e se sim, o que fazer desse fato, se não pretendemos abandonar a coexistência? Em outras palavras, a escolha afinitária é necessariamente uma escolha da coexistência horizontal, e é discriminatória somente por acidente (porque há pessoas que não suportam a pluralidade dos tipos de vida)? Mas estas outras pessoas, também não se determinam por afinidade, quando aspiram a um mundo unificado, com o que isso implica de exclusão e de coerção, ou quando elas simplesmente gostam da prática da dominação?

Para ver mais claramente, devemos começar a tem em mente a ideia de que as afinidades são escolhas do sensível e não de posições teóricas. Podemos já tentar ver o que implicaria o fato de se ater à sensibilidade, permanecendo lúcido·a sobre sua contingência e sua parcialidade.

Preferir e levar em conta: política da retórica

> Mesmo que se tenha razão, somente escutar a razão que se tem, já é estar errado.
> Arnaud e Nicole

> Os aristocratas falam (...) com tirania.
> Saint-Just

Se não há verdade em matéria de política, se não é possível sujeitar os outro·a·s por meio da demonstração, então é necessário tornar aprazível isso que estimamos. Assim, reconhecer a parcialidade das posições políticas, é se afastar da arrogância daquele ou daquela que tem razão e quer, estando certo·a de seu feito, submeter os outro·a·s, é reconhecer a necessidade de tornar desejável isso que acreditamos, a começar pela maneira como falamos sobre isso. Assim, a parcialidade refletida pode ser a condição de uma aceitação da coexistência. Não procuramos converter. Podemos deixar que os outro·a·s sejam. Ou melhor, atraí-los para si, sem procurar os convencer, nem os coagir.

Vimos quanto o pensamento representativo, tal como o concebe Hannah Arendt, é pouco político, a consideração das perspectivas de outro·a·s correndo o risco de somente desenhar um mundo comum geral e abstrato. Dito isto, Hannah Arendt esboça uma outra via, sem tomá-la na verdade. É a da retórica. Ela escreve que o pensamento representativo está ligado à retórica, que supõe levar em conta, na elaboração, a maneira que um pensamento será recebido. Talvez eu esteja extrapolando, mas me parece que isso significa que levar em conta os outro·a·s, portanto, não é mais apenas representar sua perspectiva, mas imaginar a maneira como eles e elas poderiam entender o que pensamos, é prestar atenção neles e nelas. É certificar-se não de que se eles e elas se reconhecem no que dizemos, mas se que o dizemos não os ofende. Tomar partido por alguém ou por um grupo de pessoas não impede de levar em conta os outro·a·s, de tratá-los com cuidado — ou ao menos de deixá-los ser. Assim, o tomar partido e o levar em conta a coexistência poderiam ser aliados.

Essa consciência da dimensão política da retórica, e do que produzem, politicamente, as maneiras de argumentar e de se relacionar com a razão, encontramos na *Lógica de Port-Royal*. Esse texto é certamente mais atento à relação moral criada pelo discurso, mas importa, para indicar o que está em jogo, um vocabulário político. As maneiras odiosas, as maneiras ofensivas, orgulhosas, presunçosas, rudes, obstinadas, raivosas, escrevem seus autores, ferem a verdade, pois elas desviam as pessoas.

> É pouca coisa ter razão; e (...) é um grande mal só ter razão" — a tal ponto que "os erros da maneira são frequentemente maiores e mais consideráveis que os do fundamento".

A política é quase introduzida quando as maneiras ofensivas são analisadas em termos de injustiça e de tirania:

> É injusto que exijamos dos outros que tenham por verdade tudo o que acreditamos, e que eles se submetam à nossa única autoridade.
>
> O ar do discurso, sendo assim separado das evidências, marca apenas a autoridade que aquele que fala atribui a si mesmo; de

> sorte que se ele é rude e imperioso, ele necessariamente repele o espírito dos outros, porque parece que se quer tomar pela autoridade e por uma espécie de tirania o que somente se pode obter pela persuasão e pela razão.[65]

(Mas, nesse texto, essa rara sensibilidade aos efeitos morais e políticos das maneiras não leva a questionar a ideia de se "obter" uma adesão, uma reunião, uma conversão, "pela persuasão e pela razão". Obter é certamente menos violento que tomar, mas é de qualquer maneira trazer para si.)

Essa consciência do alcance político das maneiras de dizer, Saint-Just demonstra também em seu *Relatório sobre a polícia geral*[66], quando esboça um retrato do "revolucionário". Como "seu objetivo é ver triunfar a revolução", "ele não a insulta, mas a ilumina; e, com ciúmes de sua pureza, ele se observa quando fala sobre isso, por respeito a ela (...)". Quem deseja atrair as pessoas para essa nova maneira de viver junto, que deve ser a revolução, deve estar atento às maneiras, ciente do fato de que a revolução se desenrola, também, na maneira que se fala, que é também uma maneira pela qual ela é encarnada e tornada sensível. "Ele afirma ser menos igual à autoridade que é a lei, que igual aos homens, e especialmente aos desafortunados". Ele não fala desde uma posição de autoridade, mas de entre seus iguais. É o que o distingue. Ao contrário, os "aristocratas falam e agem com tirania". Falar com tirania: isso contradiria a ex-

65 Arnaud et Nicole, *La Logique ou l'art de penser*, (dite « Logique de Port-Royal »), 1662– 1664, Champs Flammarion, p. 351–2. [*A lógica ou a arte de pensar.* Fundação Calouste Gulbenkian (2016), tradução de Nuno Fonseca.]

66 Saint-Just, « Rapport sur la police générale », OEuvres complètes, Paris, Gallimard, 2004, Folio p. 747.

periência revolucionária, reproduziria hierarquias, desprezo, dominação. Na maneira de falar, são os laços, e, portanto, a igualdade, que estão em jogo (mas Saint-Just limita sua crítica às maneiras mais humilhantes: "ele diz a verdade a fim de que ela instrua, e não que ela ultraje". Como se a instrução tivesse uma relação igualitária; como se ela não repousasse sobre uma relação de autoridade; como se o risco imperialista não estivesse aí contido. Como se falar assim da "verdade" não fosse problema.)

Seguindo essa ideia, podemos considerar que o julgamento, para ser político, deve antecipar a maneira como ele possa ser recebido pelos outro·a·s: assim, ele os levaria em consideração. Por exemplo, não exprimiríamos riso ou prazer diante daquelas ou daqueles que tais manifestações pudessem ferir. Tal tática consiste em saber articular suas inclinações sensíveis subjetivas à sensibilidade dos outro·a·s. Pode-se gostar com uns e umas mais do que com outro·a·s, e ao mesmo tempo levar em consideração esses outro·a·s. É assim que podemos compreender, me parece, a afirmação de Hannah Arendt segundo a qual quando eu julgo, eu o faço enquanto membro de uma comunidade, incapaz de viver sem a companhia de outro·a·s[67]. E assim articulo minha sensibilidade e a de outro·a·s. É essa articulação que está em jogo na passagem, que ela teoriza, do gosto, imediatamente polarizado e discriminante, ao julgamento, mais refletido, e que consiste em escolher, escreve, entre os gostos, os que podem se mostrados, essa seleção não sendo operada pela razão, mas pelo senso comum, o senso do que pode ser tornado público numa comunidade.

Podemos pensar, nesse modelo, a articulação entre a parcialidade política e o sentido da coexistência. Tão logo

67 *Juger : sur la philosophie politique de Kant*, *op. cit.*, p. 105–106.

haja um conflito, quer dizer, assim que sairmos do caso abstrato para nos inscrevermos numa conjuntura política, os julgamentos necessariamente levarão em conta uns e umas mais que outro·a·s, mas isso não impede que estejamos atento·a·s em não humilhar a outra parte — como se um sentido de coexistência regulasse as tomadas de partido, sustentando que sensibilidades parciais e contraditórias possam coexistir.

A retórica pode ser, então, não uma arma de propaganda visando unificar as mentes, mas uma das maneiras de levar em conta a sensibilidade de outro·a·s. Ela consiste em reconhecer que as maneiras que o pensamento circula no espaço público são políticas, no que elas produzem afetos e fazem existir formas de laços entre as pessoas, e entre as ideias e as pessoas, que configuram a forma de uma comunidade política.

Aceitar essa hipótese equivale a considerar, de uma maneira diferente, a arte retórica. A tradição filosófica opõe a filosofia e a retórica, ora para deslizar a política democrática para o lado da retórica a fim de desacreditá-la e de se opor à sua competência, como pode fazer Platão, ora para rebater a política na filosofia, considerando que a política surge quando construímos um espaço público onde argumentos racionais podem ser trocados, onde procuramos menos coagir ou manipular que convencer pela produção de um discurso articulado, do "logos", e onde se constrói assim um mundo objetivo compartilhado, que visa ser consensual (é a interpretação que podemos fazer do início da *Política* de Aristóteles, quando ele opõe o *logos*, o discurso racionalmente articulado, à voz, expressão da sensibilidade, para vincular a política ao *logos*). Nesses dois casos, a filosofia e a retórica são opostas (quer se coloque a política ao lado da razão e da filosofia, para valorizá-la, ou ao lado da retórica e das paixões, visando sua desvalorização).

Mas podemos ver nessa oposição, que separa a razão de sua expressão sensível, uma falta de sentido político. Sempre que as relações entre pessoas estão em jogo, separar as ideias e as maneiras de formá-las e de apresentá-las é recusar-se a considerar a coexistência. É mostrar incapacidade, ou recusa, de pensar politicamente (uma recusa que tem um sentido político — que significa uma recusa de levar em conta o outro·a). Ao contrário, um pensamento político o é em sua elaboração e na sua partilha.

As escolhas do sensível

> Vivemos como se o mundo fosse como deveria ser
> para mostrar o que pode ser.
> *Angel*[68]

Podemos então, fazer uma escolha parcial levando em conta a coexistência — que é a única posição que não contradiz a inclinação afinitária. Quanto à escolha parcial da coexistência, é preciso que seja reconsiderada. Se a parcialidade pode aí parecer formal, simples parcialidade pela imparcialidade, formular as coisas dessa maneira, é permanecer em um nível bastante abstrato e apolítico, pois, na realidade das conjunturas políticas, feitas de conflitos e de relações de força, escolher a coexistência, é sempre escolher um campo contra o outro. É preciso reintroduzir o fato da dominação, da segregação, para ter na cabeça a ideia de que aceitar e promover a coexistência é uma preferência, entre outras, por pessoas e suas maneiras de viver.

---

68 Série criada por Joss Whedon et David Greenwait, *spin off* de *Buffy, a Caça-Vampiros.*

(Sob certo aspecto, portanto, podemos ver na escolha da coexistência uma posição indeterminada, indiferente ao conteúdo, uma recusa em assumir oposições, antagonismos, determinações, nos quais as assembleias do *Nuit Debout**, poderiam ter se perdido, por exemplo. Alguma coisa da ordem da injunção despolitizante de gostar de todo mundo, de não privilegiar nenhuma posição, de fabricar consenso. Mas poderíamos também inscrever essas preferências nas relações de força conjunturais: nunca é a partir do nada que a amizade, a possibilidade de laços, são exigidas, mas dentro de configurações onde se tornam impossíveis, a partir das quais exigi-las é tomar partido em um conflito. Do contrário, não podemos compreender que *Nuit Debout* tenha perturbado tanto, que tanto tenha sido escrito para enterrar a experiência, para lhe tirar toda a significação. Por fim, faz sentido que duas leituras tenham podido coexistir desse movimento das praças públicas na França, visto às vezes como movimento cidadão [*citoyenniste*], inclusivo e irremediavelmente indeterminado, e, às vezes, como movimento radical de luta (em todo caso declarado sectário por seus detratores).)

Por finidade, não escolhemos a coexistência (podemos afirmar que preferimos a ideia, mas somente as práticas e as maneiras testemunham um real engajamento). Por afinidade, escolhemos pessoas que a praticam, que lhe fazem ter vontade de ir para esse lado, com elas. Escolhemos, portanto, sensivelmente, maneiras sensíveis, e por meio dessas escolhas apresentamos ao mundo nossa sensibilidade, e poderemos talvez atrair outras pessoas para maneiras de viver que preferimos.

---

* N.T. *Nuit Debout* (Noite de Pé) é um movimento social francês, iniciado em 2016, contra um rígido pacote de reformas trabalhistas, no qual milhares de manifestantes, concentrados em praças públicas, fazem assembleias ao longo de toda a noite.

É para essa ideia que se orienta Hannah Arendt, na continuação do texto, que já havia mencionado, sobre a crença compartilhada na igualdade. A preferência pela igualdade é parcial, como vimos, e engajada, se a reinscrevemos no antagonismo entre partidário·a·s da igualdade e aqueles ou aquelas da desigualdade, entre aqueles ou aquelas que aspiram viver em livre companhia e aqueles ou aquelas que preferem a dominação, se não considerarmos mais as posições, mas as pessoas e suas maneiras de ser. É sobre isso que fala o texto, me parece:

> Acreditamos que as alegrias e as satisfações da livre companhia devem ser preferidas aos prazeres duvidosos da existência da dominação (...). Tais preferências são politicamente da mais alta importância, e são poucas as coisas pelas quais os homens se distinguem tão profundamente uns dos outros. Sua qualidade humana, estamos propensos a dizer, e certamente a qualidade de toda espécie de relação com eles depende de tais escolhas.[69]

A preferência pelas ideias, por formas de organização, está assim ancorada na sensibilidade aos *ethos* que indicam qual tipo de pessoas somos — há aqueles e aquelas que gostam da livre companhia, e aqueles ou aquelas que gostam da dominação. Trata-se menos de preferir a companhia ou a dominação que de maneiras de ter prazer, pessoas que preferem tais prazeres — e, aí, a preferência é claramente parcial. Não é mais a companhia, abstrata, imparcial, que é privilegiada, são maneiras de ser que são apreciadas, com as quais temos mais afinidades. No final das contas, a igualdade e a dominação se resumem a prazeres, que podemos gostar ou não, a estilos de vida, entre os quais escolhemos de acordo com preferências sensíveis.

---

69 « *Vérité et politique* », *op. cit.*, p. 314.

A ética está aí ligada à política, no sentido de que em afinidade com essa ou aquela organização política também está o desejo de viver com outro·a·s dessa ou daquela maneira. Se preferimos a livre companhia, isto é, maneiras de se ligar pelas quais o mundo se torna comum, é por afinidade com as maneiras de viver que aí são possíveis, com as maneiras de lutar daqueles ou daquelas que a desejam.

Finalmente, preferir a igualdade ou a dominação, é preferir aqueles e aquelas que praticam a igualdade ou aqueles e aquelas que praticam a dominação, pelo que parece possível com elas, com eles. Enquanto o elogio à amizade, à igualdade, aos laços, à coexistência, poderia ser somente um conjunto de fórmulas ocas que traem as práticas das pessoas que as proferem (maneiras de julgar, de rir, de tomar a palavra, de cortá-la...), preferir os prazeres que aí estão ligados ou as maneiras das pessoas que os preferem não pode mais ser puramente teórico, isso testemunha então uma sensibilidade inscrita na experiência. É porque as opções políticas fundamentais são uma questão de sensibilidade, de gosto, que os gostos de outro·a·s são tão importantes, e que a indiferença é o que há de mais antipolítico. Quem eu gosto, quem eu prefiro, diz quem eu sou, talvez mais profundamente que as ideias que eu possa desenvolver abstratamente. É isso, também, que é preciso compreender no paradoxo de Cícero. Em "Algumas questões de filosofia moral", Hannah Arendt se refere a isso após ter indicado que, quando se trata de fazer escolher existenciais, morais, políticas, nenhuma norma, nenhuma ideia objetiva é de uma real ajuda, e que nos orientamos a partir de exemplos particulares, atraentes ou repulsivos, que desejaríamos encontrar encarnados no sensível, ou de evitar nos depararmos. Depois de ter recordar o exemplo de Cícero, que preferia errar com Platão, ela imagina alguém que "preferisse viver em companhia do Barba Azul e, então, tomá-lo como exemplo: "A única coisa a ser feita é garantir que nunca ele aproxime de nós"[70].

Hannah Arendt chama "pensamento exemplar" o pensamento que assim parte, para orientar o julgamento, de exemplos singulares, que ilustram maneiras de viver. Sua conversa é bastante rápida e confusa. Ela introduz o conceito como para especificar aquele do pensamento representativo ("Kant (...) deu ao "pensamento representativo", presente no julgamento onde o particular não pode ser subsumido a algo geral, o nome de "pensamento exemplar"[71]); na medida em que ela também inscreve essa ideia em uma crítica do pensamento solitário, opondo novamente a solidão da dedução lógica à ideia segundo a qual "a companhia é indispensável ao pensador"[72], e onde ela assimila o pensamento representativo e o pensamento exemplar, poderíamos facilmente confundi-los, e ver duas modalidades de um *pensar com*.

No entanto, olhando mais de perto, não tem nada a ver com isso.

De um lado, o pensamento representativo leva em conta as perspectivas de outro·a·s — as perspectivas daqueles e daquelas que são concernentes a uma situação, de contemporâneos com quem coexistimos. Ou antes, ele consiste em imaginar como pensaríamos desde a perspectiva dessas e desses outro·a·s — não se trata de registrar suas opiniões reais. Ele não implica qualquer escolha por parte daqueles ou daquelas sobre quem, ao invés de *com* quem, vamos pensar.

De outro lado, o pensamento exemplar parte de exemplos singulares, pensamentos reais de outro·a·s, mas de outro·a·s que são preferencialmente figuras simbólicas: pensadores e pensa-

70 « *Questions de philosophie morale* », *op. cit.*, p. 170.

71 *Ibid.*, p. 168.

72 *Juger : sur la philosophie politique de Kant*, *op. cit.*, p. 27.

doras do passado e personagens históricas ou literárias. Ele escolhe essas figuras pelo que elas encarnam, por sua conduta, em seus escritos, como ideias, como valores. É este pensamento exemplar que é visto como uma escolha de companhia.

Finalmente, se ambos se situam fora da razão demonstrativa e solitária, se eles permitem orientar-se no sensível sem regra, o pensamento representativo e o pensamento exemplar são muito diferentes.

Enquanto o pensamento representativo leva em conta os homens e as mulheres que existem e visa uma certa imparcialidade, o pensamento exemplar é elaborado a partir de pensamentos encarnados, de livros, pessoas escolhidas; ele assume a parcialidade dessas referências. No primeiro caso, *pensar com*, é *colocar-se no lugar de* para tentar chegar às perspectivas de outro·a·s, sem parcialidade, e o que permite isso é um gosto indiscriminado da companhia; no segundo caso, *pensar com*, é orientar seu pensamento em função de exemplos que achamos atraentes, conforme um gosto parcial pela companhia simbólica de certos modelos. O pensamento representativo leva em conta o maior número de perspectivas possíveis para chegar a uma certa forma de generalidade; o pensamento exemplar se apoia em exemplos apreciados para julgar, escolher, decidir. Pode-se imaginar que, uma vez expostas as perspectivas que o pensamento representativo pode apreender, o recurso aos exemplos permite tomar posição.

Poderíamos então chamar de "pensamento afinitário", um pensamento que leve em conta os homens e as mulheres com quem coexistimos, vendo neles e nelas encarnações de preferências por maneiras de viver, de se ligar, de estar no mundo.

Compreendemos a importância que há em manifestar suas preferências parciais: assim, elegemos aqueles e aquelas a quem nos unimos, e aqueles e aquelas pelos quais poderíamos, por afinidade, ser unido·a·s. Como escreve Hannah Arendt, fazemos uma escolha "porque queremos dar o exemplo, isto é, persuadir os outros a apreciar o que nos agrada". Pela maneira como as pessoas julgam e pelos julgamentos que fazem, vemos como se situam no mundo: como uns e umas dentre outro·a·s que são levado·a·s em consideração, ou, ao contrário, como indivíduos sozinhos que consideram apenas eles mesmos, insensíveis à pluralidade. E seremos atraídos por um ou por outro.

Parece-me que algo da ordem da consciência dessa importância política das preferências em termos de situar politicamente alguém, e de se situar com relação a ele, a ela, está em ação quando Solon e então Saint-Just propõem banir de uma comunidade política aqueles que não tenham amigos ou que não tomem partido por um lado em caso de conflito.

Em *Institutions Républicaines* [*Fragmentos sobre as instituições republicanas*], Saint Just escreve suas proposições tão radicais quanto desconcertantes:

"Aquele que não acredita na amizade é banido."

"Se um homem não tem amigos, ele é banido."

Ter amigo·a·s testemunha um gosto pela vida compartilhada, uma aptidão para sair de si, para orientar-se de acordo com outro·a·s, mas também para eleger, para preferir, para ser sensível às personalidades, às maneiras de ser: isso traduz, enfim, uma crença na possibilidade de compartilhar o mundo com justiça. Aqueles e aquelas que têm amigo·a·s estarão vinculados, pelo particular, à comunidade política, mais sensíveis àquilo que a ela concerne. O investimento amical parcial é visto como uma fonte de investimento político para a comunidade.

"Se um homem comete crimes, seus amigos são banidos."

"Se um homem deixa um amigo, ele é responsável por prestar contas ao povo, no templo, sobre os motivos que fizeram com que ele o deixasse."

"Você é quem em relação a quem?". Fonte: Twitter.

Quanto a Solon, ele tinha previsto uma pena de atimia, de privação de direitos civis, para aqueles que não tomassem partido quando a cidade estivesse dividida por um conflito. Para compreendê-lo, podemos seguir Castoriadis, que em *Thucydide, la force et le droit* [*Tucídides, a força e o direito*], dialogando com Hannah Arendt, e lendo, mais precisamente que ela, as mesmas passagens de Tucídides[73], retraça o pensamento político grego que conduz a tal posição.

No mundo grego tal como ele o apresenta, a razão sendo vista como frágil, a pretensão a ter razão, e mais ainda a ter razão sozinho·a, é considerada uma forma de *hybris*. A seu ver, esta é uma das lições das tragédias, que podemos extrair, em particular, da maneira que Sófocles, em *Antígona*, apresenta o dilema entre obedecer à lei ou ser fiel ao sangue:

> A tragédia nos dá a ver a incerteza que prevalece sobre o terreno, a fragilidade e a incompletude perpétua das razões e motivos sobre os quais podemos basear nossas decisões. Ela até mesmo esboça, como já lhes disse, a ideia de que esses motivos são necessariamente impuros. O que nós temos aí, no fundo, é uma advertência insistente contra a *hybris*, mesmo quando esta se disfarça sob motivações sublimes e mantém um discurso perfeitamente razoável ou racional.[74]

Essa crítica da razão pode ser comparada à maneira que, segundo Castoriadis, a Grécia pensa as grandes alternativas políticas: o mundo grego regido pela lei é oposto àquele das tiranias asiáticas; e, no seio do mundo grego, Atenas é oposta à

---

73 Cornelius Castoriadis, *Thucydide, la force et le droit* [*Tucídides, a força e o direito*], Paris, Le Seuil, 2011.
74 Cornelius Castoriadis, *La Cité et les lois* [*A cidade e a lei*], Paris, Le Seuil, 2008, p. 146.

Esparta. Nesses assuntos, escreve ele, a razão é incapaz de decidir ou convencer. A questão de saber se alguém prefere viver num sistema de dominação pessoal ou num sistema baseado na lei não pode ser resolvida pela demonstração. Nenhum argumento pode demover aquele ou aquela que prefere a dominação. Do mesmo modo, a questão da escolha entre Atenas e Esparta não diz respeito à demonstração, mas a um desejo por maneiras de viver e de habitar juntos. Péricles, fala dos atenienses amantes das maneiras de viver, de se ligar, de habitar um território, que são correntes em Atenas.

Acredito que possamos resumir as coisas assim: se, de um lado, a razão fracassa em determinar o julgamento, do outro a tragédia convida a pensar a coexistência — trágica, precisamente — de todas as perspectivas (é essa maneira de pensar compondo os planos[75], de fazer jus a todas as perspectivas, essa consciência aguda do fato de que todas as soluções aos dilemas políticos são dolorosas, que levou Simone Weil a se desvincular da política, em 1937, depois da decepção espanhola, ainda que ela fosse consciente de que se retirar numa torre de marfim era irresponsável); por outro lado, a política implica em escolher. Daí a pergunta fundamental de saber onde vivemos — o *onde* sendo inseparável do *como*. O que indicam, na Grécia, tão bem Platão quanto Péricles, é que essas escolhas políticas, que são escolhas de maneiras (de viver, de se ligar, de habitar) são irredutíveis à razão e são questões de *eros*, de gosto.

Penso que podemos relacionar esta ideia à proposição de Solon: punir com atimia os que não tomem partido nos conflitos. As perspectivas são plurais; a razão não permite decidir;

---

75 Simone Weil fala assim da "composição sobre múltiplos planos", em *L'Enracinement*, Gallimard, Folio, p. 274. [*O Enraizamento*. Editora Relógio D'Água].

as inclinações orientam os engajamentos, inevitavelmente parciais. Consequentemente, tomar partido, decidir, é expor sua sensibilidade, desvelar sua relação com os outro·a·s e com o mundo. O motivo de Solon, ao estabelecer essa pena, foi sem dúvida evitar o oportunismo, escreve Castoriadis, mas acrescenta que podemos aproximar essa proposição do que diz Péricles, dois séculos mais tarde, na *Oração fúnebre*:

> Consideramos que os que não se interessam pelos assuntos comuns são pessoas não despreocupadas, mas absolutamente inúteis, parasitárias do ponto de vista da cidade.

São os *idiotēs*, acrescenta, os idiotas, os que só se ocupam com suas próprias vidas[76]. Não tomar partido, é manifestar uma indiferença aos assuntos humanos, aos valores que estão em jogo. É como ficar de fora dos laços humanos. É recusar expor aos olhares aquilo que valorizamos, que amamos, e, logo, o que somos, e assim, manifestar uma ausência de cuidado para com os outro·a·s e para com o mundo, que diz muito de si. Ao contrário, ocupar-se dos assuntos públicos, é tomar partido. Isso supõe não se limitar à contemplação indiferente ou dilacerada da coexistência contraditória e trágica das perspectivas. Castoriadis tem essa frase: "Quem nada odeia, nada investe"[77].

Concluindo...

O sentido político repousa sobre uma sensibilidade à coexistência, à pluralidade, e, portanto, às contradições que há entre as múltiplas perspectivas. Mas, ao permanecer na consciência das contradições, ele se perde, no trágico, no místico, ele se despolitiza. O sentido político supõe também uma sen-

76 *Thucydide, la force et le droit*, *op. cit.*, p. 84.
77 *Ibid.*, p. 184.

sibilidade, orientada e parcial, à conjuntura, aos antagonismos; uma capacidade de eleger; afinidades por maneiras de ser, de se ligar, de lutar, que não implicam em perder de vista a multiplicidade das perspectivas.

Conclusão

A questão de saber se a lógica afinitária é emancipatória ficou em suspenso.

Parece indiscutível que dominantes, fascistas, racistas, machistas, por exemplo, também se unam por afinidades. Mesmo quando afirmam se apoiar sobre verdades econômicas, ou antropológicas, para justificar suas posições, é evidente que é preciso entendê-las como preferências parciais e afetivas.

Desse modo, parafraseando Hannah Arendt, é preciso opor aqueles e aquelas que preferem as alegrias e as satisfações da livre companhia, e aqueles e aquelas que preferem os prazeres duvidosos da existência da dominação. Por afinidades. Poderíamos opor o afinitário e o identitário, as orientações flutuantes e as posições rígidas, a abertura ao encontro e a imunização contra os encontros, as companhias sem "nós" e o entre si [*entre-soi*] sectário, o fato é que, de ambos os lados, nos juntamos àqueles e àquelas com quem nos sentimos melhor, com quem pensamos que a vida seja melhor.

É verdade também que vemos os dominantes ou os aspirantes à dominação alegando apoiar-se sobre expertise, sobre conhecimentos objetivos. A obra da musa do neoliberalismo, Ayn Rand, é exemplar neste aspecto: ela implantou uma teoria chamada "objetivismo", nada menos; tudo era objeto de demonstrações (grotescas, aliás). As dominações se autorizam por direito divino, por natureza (superioridade de uma linhagem, ou de especialistas, ou de um sexo, ou de uma raça), por verdade econômica, ou por conhecimentos sobre a humanidade e sobre as condições que supostamente permitiriam a sobrevivência da civilização; vemos isso nos discursos dos supremacistas brancos, nos discursos daqueles e daquelas que se opõem aos direitos das pessoas homoafetivas, nos discursos daqueles homens e de seus e suas aliado·a·s repelido·a·s pelo movimento *#metoo**, etc.

Rousseau lembra nos segundo e terceiro capítulos do livro I do *Contrato Social* que: a dominação sempre procura se legitimar para se fazer aceita, e, o primeiro procedimento é o da naturalização do poder. Esses capítulos são dedicados a desconstruir pseudoargumentos que justificam a dominação, e a destacar a arbitrariedade do poder. De certa forma, a invenção do conceito de política está ligada a uma operação de desnaturalização do poder: em *A política*, Aristóteles mostra que a passagem à política rompe com as práticas naturalizadas do poder (que lhe atribuem um sexo, uma idade, etc., que fazem disso algo necessário). Essas práticas são então confinadas à esfera doméstica (a qual muitos supõem, infelizmente, não ter nada de político), da qual a tirania é pensada como uma extensão (e de onde o despotismo tira o seu nome, sendo o *despotēs* o dono da casa). A passagem à política parte do reconhecimento da contingência das formas de organização, e institui, ao invés da dominação naturalizada, preferências por formas de organização, que possam ser confrontadas, por exemplo, em assembleia.

* N.T. Movimento viralizado, em 2017, nas redes sociais, através da *hashtag #metoo* ("eu também"), em denúncia ao assédio e ao abuso sexual cometido por homens em posição de poder na indústria cinematográfica americana e, depois, expandido e adotado por outros segmentos.

Os pensamentos sobre política que procuram distingui-la e retirá-la da esfera da dominação passam, portanto, por um desvelamento da arbitrariedade do poder ou das formas políticas, e por uma recusa do fundamento. Sendo assim, a lógica afinitária, na medida em que se opõe ao império da pretensa verdade, encontra seu lugar neste lado, que emancipa, ao menos, de todo fundamento teórico da natureza, da necessidade e da unidade.

Mais uma vez, é preciso, sem dúvida, trazer de volta partidário·a·s da sensibilidade política, das crenças subjetivas, à sua conjuntura. Hannah Arendt, que propõe que toda dominação sempre assume a aparência de necessidade para se impor (seja uma questão de necessidade biológica, histórica, econômica...). Os feminismos e os antirracismos, que criticam os ditos neutros para revelar a brutalidade das conquistas imperialistas, que passam pela colonização das mentes. Todo pensamento excluído, minoritário, se choca com um pensamento hegemônico, que foi naturalizado, imposto como a verdade, que se tornou aquilo tido como o óbvio. O movimento poderia ser de desnaturalizar, de mostrar a inanidade teórica, e de buscar um fundamento seguro... a lógica afinitária reconhece a ausência de fundamento, e até mesmo afirma que seja melhor assim.

Mas o fato é que, por afinidade, pode-se preferir a dominação. E pode-se imaginar uma dominação que não se aproprie da máscara da necessidade ou da verdade e que avance com sua reivindicada arbitrariedade e sua violência ou com sua inconsciência.

Portanto, seria necessário opor a lógica afinitária isolada, que dá conta de todos os agrupamentos políticos, e a lógica afinitária articulada no sentido da coexistência.

Dito isto, há características da lógica afinitária que parecem conectá-la do interior à consideração da coexistência.

Primeiramente, a recusa da unidade e da hierarquia das posições (há somente afinidades). Fazer da política um indecidível sobre o plano teórico e uma questão de preferências, isso deixa espaço à pluralidade. Em seguida, se a orientação afinitária é consciente, lúcida sobre sua ancoragem afetiva parcial, subjetiva e contingente, ela implica uma relação com as ideias que tem alguma coisa de cética, que deveria, então, evitar o dogmatismo e toda pretensão à hegemonia, e disposta a deixar que existam as disparidades.

Mas podemos muito bem imaginar que as crenças mais intolerantes, os ódios, geralmente dissimulados atrás de justificativas, se reconhecem pelo que eles são: afetivos, parciais, enquanto aceitam a contradição que consiste em afirmar, mesmo impor, suas visões ao mundo, recusando que outro·a·s tenham outras preferências igualmente afetivas e parciais. Tudo seria, então, questão de formas de preferência (com ou sem distância, com ou sem mobilidade). E o mundo seria dividido entre aqueles e aquelas que preferem a dominação e aqueles e aquelas que preferem a prática da coexistência igualitária, sem qualquer mediação que impeça o desencadeamento da violência.

Resta o fato de que a orientação afinitária, ao contrário daquela que se pretende alicerçada sobre um fundamento teórico, pode deixar espaço à coexistência da pluralidade.

SEGUNDA PARTE

A ESCOLHA DOS LAÇOS: ELEIÇÃO E MULTIPLICAÇÃO

INTRODUÇÃO

Políticas de laços: amigo·a·s, aliado·a·s, inimigo·a·s

> Quando um movimento de libertação se inspira antes de tudo pelo ódio a um inimigo, ao invés de por esta visão das possibilidades, ele começa por ele mesmo a fracassar. (...) Apesar de se autoproclamar favorável à emancipação, sua linguagem não é mais libertadora. (...) Suas visões da realidade são cada vez mais estreitas. (...) A partir desse momento, ele se torna o opressor de certas verdades e de certas vozes, e começa, como os opressores antes dele, a esconder seu rosto.
>
> Susan Griffin, "O caminho de toda ideologia"[78]

Pensar as afinidades e as tomadas de partido leva a reconsiderar a relação entre amizade e política, e a especificar, portanto, a relação com amigo·a·s e com inimigo·a·s político·a·s, assim como pensar a relação entre amizades e alianças políticas.

Contrariamente à aliança, a amizade não é puramente instrumental, ela não está subordinada a um objetivo (livrar-

78 Susan Griffin, "*The way of all ideology*". Citado em bell hooks, *De la marge au centre*, tradução de Noomi B. Grüsig, Cambourakis, collection « Sorcières » [Bruxas], 2017, p. 289. [*Teoria feminista - da margem ao centro*, Editora Perspectiva (2019), com tradução de Rainer Patriota. N.T. "bell hooks", pseudônimo da autora, é grafado como tal, em minúsculas; presente excerto traduzido para o português a partir do francês.]

-se de um inimigo comum, tomar o poder...), ela não está voltada para um inimigo, mas para uma partilha do mundo. Ela empenha uma outra concepção da ação e uma outra relação com a temporalidade. O que se passa na relação, no presente, é o que conta, ao menos tanto quanto os eventuais objetivos perseguidos em comum. E os laços que se fazem são desejados por eles mesmos, não são o resultado da determinação de um mesmo inimigo.

A relação de amizade, ambivalente, permite também pensar o duplo movimento político do se responsabilizar pela coexistência e, consequentemente, pela multiplicação de laços de

um lado e, do outro, pela escolha de maneiras de viver. Com efeito, a amizade cria laços para além das fronteiras de sangue, dos interesses, das crenças, etc.; e a amizade, contrariamente à compaixão, à fraternidade, é seletiva, ela discrimina, não somos amigo·a·s de todo mundo (embora possamos ter compaixão por todo·a·s, inclusive por aqueles e aquelas que praticam o mal; sofremos pelo ser humano enquanto ser sensível; confraternizamos com o ser humano enquanto tal).

Em todos os casos, que ela multiplique os laços e assim crie um mundo compartilhado, ou que ela constitua uma aliança eletiva na luta por uma forma de mundo e contra uma outra forma do mundo, a amizade política é voltada para o mundo[79].

Parece-me que ter em mente o mundo no qual (ou contra o qual) as relações de amizade se instauram pode fornecer alguns parâmetros para evitar algumas armadilhas, quando se

79 Parafraseando Hannah Arendt: a amizade entre aqueles que a dominação gostaria de separar é uma tomada de posição contra o mundo como ele é (em seu texto sobre Lessing, ela escreve que a amizade, por exemplo, entre um judeu e um alemão sob o regime nazista, era uma "tomada de posição no mundo" e uma "tomada de posição contra o mundo como era", ver « De l'humanité dans de sombres temps », *op. cit.*, p. 33).

trata de alianças. É que amizade política é mais atenta à coexistência, mesmo nas tomadas de partido, que as alianças.

Com efeito, para se recusar o mundo tal como ele é, é necessário reconhecer a estrutura: o sentido político é também um sentido da conjuntura e das relações de força. É o que às vezes é esquecido pelas pretensões de conjugar as lutas para construir uma eventual "convergência".

Uma das principais armadilhas, parece-me, é a da identificação (sobretudo por vitimização). Em outras palavras, não é porque temos o mesmo inimigo, ou porque estamos sujeitos à mesma dominação, que sejamos por isso aliado·a·s e menos amigo·a·s, e que tenhamos alguma coisa a fazer junto·a·s, a partir dessa simples identidade de posição na conjuntura. A amizade se distingue da compaixão e das alianças por vitimização no que ela sugere a alegria de estar junto, de conversar ao infinito, de compartilhar o mundo. Ela não se estabelece contra. Ela se estabelece pelo prazer da frequentação, por afinidade, ou como resultado de uma comunidade de vida bem-sucedida.

No entanto, pode ser tentador se reunir como vítimas e pensar que isso seja suficiente, ou se identificar com as vítimas para se distinguir dos dominantes. Hannah Arendt critica esse tipo de postura, onde ela vê acosmismo, isto é, uma ignorância, mesmo um desprezo, para com o estado do mundo. Se há alguma coisa para conhecer para se orientar, não é a verdade da boa organização política, mas o estado presente das relações de força. Trata-se de conhecer não os princípios que poderiam permitir prescrever o que quer que fosse, mas os fatos (sociológicos, históricos). Sem tal conhecimento, não há ancoragem na realidade do mundo humano. É sob essa relação que ela critica a fraternidade, na qual vê o vínculo forte e caloroso da identificação que une os "párias". Ela acrescenta que aqueles e aquelas que não pertencem à comunidade dos excluído·a·s e cujo lugar objetivo é mais do lado da dominação, mas que têm "vergonha do mundo como ele é"[80], gostariam de fazer parte desse vínculo, de confraternizar com os excluído·a·s, eles e elas afirmam assim se identificar com esses, o que volta a negar "uma posição diferente no mundo" que "coloca sobre eles e elas uma responsabilidade para com o mundo". Ela não quer dizer que aqueles e aquelas que não são perseguido·a·s são todo·a·s responsáveis pela dominação. O que é preciso responder, é de um mundo, que tem suas clivagens, suas linhas de força, e no qual só se pode agir, e se reunir aos excluído·a·s, por exemplo, senão a partir de sua própria posição. Aqueles e aquelas que não são discriminado·a·s devem reconhecer sua posição privilegiada. "Nem a compaixão, nem a partilha do sofrimento são suficientes" — Hannah Arendt sugere assim "ganhar alguma distância de nós mesmo·a·s e da maneira moderna de sentir"[81] — eu diria que se trata de passar de uma forma moral para uma forma política de sentir, ou de pensar em termos de relações e não de identificações.

Além disso, se a referência à amizade leva a pensar na extensão dos laços, a pergunta deve ser feita àqueles e àquelas que os recusam. Apegando-se à afirmação da abertura, ao tomar partido pela coexistência por ser a única opção não discriminante, corre-se o risco de esquecer a realidade dos antagonismos. A maneira como Judith Buttler, por exemplo, defende a coabitação não escolhida, em *Rassemblement*, tende assim às vezes a ignorar aqueles e aquelas que a recusam. Quer queiram ou não, terão que contar conosco[82], diz em resumo, a propósito de branco·a·s racistas, uma militante negra que ela cita, e que, mesmo vendo o perigo, reconhece acima

80 *« De l'humanité dans de sombres temps »*, *op. cit.*, p. 25.
81 *Ibid.*, p. 23.
82 Judith Butler, *Rassemblement*, *op. cit.*, p.189.

de tudo uma possibilidade de coexistência — mas os racistas podem dispor de meios brutais que lhes permitem ignorar e não contar com os outros. (A civilização cátara, que Simone Weil admira por sua riqueza espiritual, sua tolerância e sua recusa da violência e de poder, desapareceu quando seus membros se deixaram exterminar sem combater).

A coexistência livre e igualitária pode ser impedida. Uma figura do inimigo então aparece, não o inimigo direto, aquele ao qual nos opomos e contra o qual vamos nos aliar, em oposição ao qual, com relação ao qual nos determinamos, mas aquele que, dificultando os laços que buscamos estabelecer, deva ser considerado como inimigo; aquele ou aquela que produz, se não a inimizade, pelo menos a hostilidade [*inamicalité*]*. Laços existiriam sem esse inimigo que os impede, laços existiram antes que ele os impedisse (vejamos o relato que faz Silvia Federici da maneira como os laços entre as mulheres e os homens das classes populares foram conscientemente destruídos na época da acumulação primitiva, ou como a escravidão e o estabelecimento do racismo separaram, nas colônias, as mulheres brancas e as mulheres negras[83]). Se contra tal inimigo aqueles e aquelas que, sem ele, poderiam ter sido ligado·a·s, ou foram ligado·a·s, se aliam, então a aliança é mais do que uma simples aliança. Ela não é apenas circunstancial, nem puramente instrumental. Ela não é produto único da existência fortuita de um mesmo inimigo. Quanto ao inimigo, ele não precede

* N.T. O termo francês de origem latina "*inamicalité*" possui "amical" como radical, após o prefixo de negação, ou seja, a "hostilidade" como a negação explícita da amizade.

83 Ver Silvia Federici, *Caliban et la Sorcière, femmes, corps et accumulation primitive*, Entremonde, 2014. [*Calibã e a Bruxa - mulheres, corpo e acumulação primitiva*, Elefante Editora (2018), tradução do Coletivo Sycorax].

a aliança, mas aparece como inimigo ao impedir a multiplicação e a seleção de laços. É por essa razão que, em toda tradição, a amizade é oposta à dominação, vista como elo e valor subversivo e antiautoritário.

CAPÍTULO I

A AMIZADE CONTRA A DOMINAÇÃO

I. UMA TRADIÇÃO POLÍTICA

À política fundada sobre programas, partidos, ideologias, uma tradição libertária (para ser rápida), ou antiautoritária, opõe a política fundada sobre a amizade, sobre as afinidades, sobre os laços de interconhecimento (pensamentos, em uma tensão não resolvida, seja como laços afinitários eletivos e seletivos, seja como laços de proximidade, de vizinhança), que produzem coletivos flutuantes (aqueles que se pensam como "grupos afinitários"), que podem se fazer e se modificar ao sabor dos encontros, das modificações da conjuntura, das ações eventuais, e que não se instituem, portanto, em um "nós" congelado, tomado no pertencimento a um meio, definido por um corpus teórico estagnado.

Essas práticas e suas teorias têm seus limites, principalmente se elas não colocam a questão da coexistência. Mas elas implementam, mesmo parcialmente, uma certa sensibilidade com relação ao mundo. Em outras palavras, espero ter trazido à luz a experiência existencial, estética e política que é subjacente à política dita afinitária, mas cujo escopo é bem mais vasto.

Essa tradição encontrou uma audiência, para além de seus constituídos círculos habituais, durante o movimento social da primavera de 2016, em que duas formas de manisfestação, o "*cortège de tête*"[84] e o "*Nuit Debout*", semelhantemente rejeitaram as lógicas partidárias, identitárias, institucionais, ultrapassando os partidos, os sindicatos, as manifestações tradicionais, e rejeitando a política eleitoral. Foram dois lugares de encontro[85], onde a coexistência não era subordinada aos pertencimentos nem às doutrinas, onde laços imprevisíveis se estabeleceram; dois lugares também que uns e umas e outro·a·s se reuniram por afinidade, por gosto pelas formas que ali se experimentavam.

A literatura produzida como parte desse movimento insiste (sob o risco de se tornar um refrão um pouco repetitivo que se esvazia) nos laços, nas amizades, nas formas de vida-

-com-os-outros, suscetíveis de despertar desejo. A ideia que é aos poucos as mobilizações sejam feitas passo a passo, porque,

84 O "*cortège de tête*" reúne com os "*black blocs*" em práticas de rebelião, desde 31 de março de 2016, em frente aos sindicatos, todos aqueles e aquelas que se recusam a se alinhar sob uma bandeira sindical ou partidária. O cortejo sofreu brutal repressão policial. [N.T. *Cortège de tête*, "cortejo principal", é um grupo de pessoas, em marcha de protesto, que se recusa a ser canalizado por forças policiais por meio de cordões de isolamento.]

85 Podemos nos referir à descrição que fez Laurent Jeanpierre da circulação e dos encontros que tiveram lugar nas praças, para além dos pertencimentos: "As praças foram, pelo contrário, espaços de circulação entre grupos e práticas que nos movimentos franceses, dos últimos anos, muitas vezes tinham se encontrado apenas para se opor. A nova indulgência dos "cidadanistas" ["*citoyennistes*"] para com os manifestantes, a recepção do Secretário Geral da CGT - Confederação Geral do Trabalho [uma das principais confederações sindicais da França] em 28 de abril de 2016, a aliança temporária de jovens trabalhadores provincianos e de estudantes secundaristas parisienses no "*cortège de tête*" são sinais de solidariedade inéditos que o movimento permitiu entre grupos sócio-políticos e ideológicos distantes". Em "*Nuit Debout*" *et la diagonale du "nous"* ["Nuit Debout" e a diagonal do "nós"], *Nous, Critique* [*Nós, Crítica*], no. 841–842, junho-julho 2017, Éditions de Minuit, p. 490.

por experiência, convivemos melhor assim — e não porque uma teoria da justiça possa convencer.

Vejamos alguns exemplos representativos, tomados um pouco ao acaso, para indicar a tonalidade de um certo tempo e espaço políticos.

* Apresentação do texto "*Sair da Nasse!**, Por uma contra campanha presidencial"[86]. A começar pela lembrança de que, na nassa policial (quando manifestantes são cercados por horas pelos CRS[**] ou guardas móveis), "os gestos começam a se afirmar, as solidariedades nascem, as amizades crescem".

> Se nós estamos unidos pelas práticas e vontades comuns, recusamos nos definir em relação a ideologias ou posições estagnadas (...). Acreditamos que são as especificidades das situações que decidem nossos modos de ação e nossos posicionamentos, e não uma teorização prévia.

Pensamento da amizade, da conjuntura, da recusa em implementar planos, teorias pré-constituídas. Mas também pensamento da inimizade: essas solidariedades são produto

---

* N.T. "*Sortir de la Nasse !*». *Nasse* (literalmente nassa: armadilha para pegar peixes) é uma técnica aplicada (e imposta) pelas forças policiais, por meio de cordões de isolamento, para controlar o fluxo de multidões durante manifestações.

86 *Sortir de la Nasse!, Pour une contre-campagne présidentielle.* https://paris-luttes.info/home/chroot_ml/ml-paris/ml-paris/public_html/IMG/pdf/sortir_de_la_nasse_episode_1_version_imprimable_.pdf

** N.T. *CRS - Compagnies Républicaines de Sécurité* (Companhias Republicanas de Segurança), são a divisão da polícia francesa encarregada, dentre outras atribuições, pelo controle de multidões e manifestações.

de uma mesma opressão, de uma mesma repressão: "nós somos os FILHO·A·S [*les ENFANTS*[*]] de sua repressão"; e eles apontam para um inimigo claramente identificado:

> Todavia, existem coisas das quais estamos seguro·a·s e contra as quais combatemos de modo intransigente! O capitalismo, o patriarcado, o racismo, a islamofobia, a homofobia e todas as outras fobias da diferença à norma.

Aqui, uma tomada de partido pelas diferenças, que abre a possibilidade de encontros, de coalisões, sem que isso implique nem unidade, nem redução ao mesmo, nem instrumentalização de uns e umas pelas e pelos outro·a·s.

* Fala de uma "militante" presente no primeiro encontro da "Geração Ingovernável"[*] (janeiro, 2017):

> A gente tem que botar prá quebrar, mas de uma forma que outras pessoas também tenham vontade de botar pra quebrar com a gente[87].

Apresentar, propor, encarnar "modos" desejáveis, na ideia de que um *com* se constitui em laço com maneiras.

Encarnar modos de viver apaixonantes.

---

* N.T. Movimento de jovens ativistas franceses que se opõe ao jogo do sistema eleitoral corrente como solução aos problemas concretos da sociedade.

87 https://news.vice.com/fr/article/un-dimanche-avec-ceux-quiveulent-faire-annuler-les-presidentielles

"Imagine um outro modo de viver, insurgente e apaixonante".
Em Malakoff, outono de 2016, fotografia de Arno Bertina.

* Texto "Viver ou nada", pelo "Comitê Erótico Revolucionário" [coletivo anônimo editorial]:

> Não a convergência das lutas (...), mas a *convergência dos desejos*. Do desejo de viver um mundo que nós construiremos, que já estamos construindo. Que desses momentos de luta teçam-se laços, nasçam amores, emerjam projetos comuns, criem-se comunidades de resistência. Que esses desejos difusos, dispersos, diversos, se encontrem ao sabor de uma trabalhosa assembleia estudantil, de uma ocupação, ou durante uma custódia policial ou uma refeição compartilhada, e que esse desejo de estar junto·a·s, de imaginar junto·a·s, de fazer junto·a·s se torne cada vez mais premente.
> (...) Devemos aproveitar esses momentos especiais que são as situações insurrecionais para nos encontrarmos, nos constituirmos em comunidades, em comunidades de luta, em comunidades de amigo·a·s. Temos que criar, temos que nos criar.
> Um movimento abre uma brecha (...). Essas brechas são frequentemente ocasiões de encontros, de fortalecimento dos laços, de criação de relações que ultrapassam o mero interesse estratégico. É sobre a durabilidade e a qualidade dessas relações que precisamos nos apoiar agora para que emerjam comunas, em toda parte, todo o tempo. (...) Que nos estabeleçamos sobre os territórios e que os habitemos, e, que aí vivamos o mundo que queremos viver. (...) As comunas formarão entre elas uma rede de doações, permitindo que todas as suas necessidades sejam atendidas mantendo relações de amizade.[88]

88 http://www.palim-psao.fr/2016/04/vivre-ou-rien-il-faut-pousser-cequi-tombe-par-le-comite-erotique-revolutionnaire.html

À macropolítica do Estado e de sua insensata vida eleitoral opõe-se uma micropolítica dos laços, do desejo, dos afetos, da vida cotidiana, centrada na (ideia da) prática da amizade. A amizade como meio ("temos que criar") e como fim ("temos que nos criar"). Uma política de laços, portanto, e não de alianças (instrumentais e estratégicas), laços que deslocam, alteram vidas, possibilitam outras maneiras de habitar o mundo coletivamente.

"A chave são os amigo·a·s". Fotografia reproduzida do *site* *"La rue ou rien"* [A rua ou nada], criada durante a primavera de 2016[89].

89 https://larueourien.tumblr.com/post/160093918486

* www.lundi.am, edição #111, 17 de julho de 2017:

> Afinidades e eleições (...). A demokracia [sic] é baseada na ideia de que a política é o reinado do *logos* (...). A demokracia passa ao largo do fato de que as evidências políticas nunca são de ordem lógica, mas sempre de ordem ética. A essência de toda comunidade não é discursiva, mas eletiva. A subsistência da "eleição" no seio da demokracia é somente um engodo oportuno. A eleição só pode ser um movimento recíproco e certamente não o movimento de escolha em favor daquele ou daquela que se oferece.[90]

Contra a orientação pela razão, contra a organização em torno das ideias, os agrupamentos, os grupamentos afinitários. Não lógicos, mas éticos: sustentados por uma sensibilidade às maneiras de viver, de estar ligado·a, de se relacionar com o mundo.

★

A história do pensamento afinitário permanece, no entanto, por ser feita e por ser aproximada a uma história da amizade vista como laço igualitário capaz de derrubar as dominações, possibilitando a todos, no mínimo, opor-se ou subsistir. Sem outra pretensão que a de oferecer um quadro mais amplo, aqui estão, em termos gerais, alguns marcos.

O Discurso da servidão voluntária de La Boétie a inaugura, me parece. A vida dos seres humanos em "companhia" uns e umas de outro·a·s, companhia radicalmente igualitária, que previne a tirania, e ao passo que, uma vez que a tirania tenha sido lamentavelmente constituída, a amizade permitirá resistir e até mesmo conspirar para derrubá-la — e o tema

90 https://lundi.am/Que-penser-du-Black-bloc

está vinculado no Discurso a uma crítica da sujeição à razão, acompanhado de uma concepção do pensar em grupo, entre amigo·a·s. Um salto no tempo: o século XVIII faz da amizade, ou dos laços afetivos, o antídoto ao despotismo, aquele dos líderes, dos dogmas ou da razão. Podemos ver isso nas *Cartas Persas*, ou na obra de Lessing. Nas *Instituições Republicanas* de Saint-Just, a amizade é o cimento da sociedade revolucionária, ela põe em prática a Revolução nas relações de proximidade, ela confere uma encarnação sensível e pessoal aos comprometimentos de cada um. O século XIX introduz e valoriza a ideia de afinidade: Goethe publica *As afinidades eletivas*; Fourrier

fala das afinidades segundo as quais cada um e cada uma se orientaria no falanstério; Gogol menciona um provérbio supostamente atual e que faz da afinidade a base de toda ação. Para além disso, de La Boétie aos grupos revolucionários reprimidos pela polícia nascente do século XIX, a amizade é uma forma de cumplicidade: são os amigos que conspiram, pois é necessário para isso a confiança e a força que provêm da simpatia compartilhada[91]. Em 2014, o Comitê Invisível [coletivo anônimo editorial] dá continuidade a essa tradição com o texto *Aos Nossos Amigos*, onde a amizade é sempre uma questão de oponentes, uma forma de conspirar, de criar formas de vida desejáveis, de destituir dominações. Em todas essas ocorrências, a amizade e os laços afinitários constituem formas de resistência às maneiras institucionais de se ligar, às domina-

91 Ver, por exemplo, Pierre Pachet, *Baudelaire et les complots* [Baudelaire e os complôs], https://www.college-de-france.fr/site/antoine-compagnon/seminar- 2012-02-28-17h30.html; ver também Auguste Blanqui: “Considero uma conquista ter feito aliança e amizade com alguns corações devotados, capazes de grande afeição e de grandes sacrifícios, é uma força que nem todo mundo tem”, Auguste Blanqui, *Maintenant, il faut des armes* [*Agora, é preciso armas*], Paris, La Fabrique, 2007, p. 21.

ções, aos programas teóricos. Mais precisamente, elas são ao mesmo tempo formas de resistência e de criação, meios e fins. Elas encontram encarnações nos clubes, nas municipalidades, nos conselhos que veem surgir momentos de ruptura e criação políticas intensas.

O tema das amizades e das afinidades que emerge dessa tradição levanta ao menos três questões.

A *primeira* é aquela da tensão entre lógica afinitária e lógica de vizinhança. De um lado, a eleição de amigos, em que temos confiança, é valorizada, do outro, é a força dos laços de proximidade (não escolhidos), da comunidade de vida pelo fato, pelo lugar (força que conduz, por exemplo, a Assembleia Constituinte da Revolução em proibir os distritos revolucionários para substitui-los, em junho de 1790, pelas seções, maiores, logo menos fundadas sobre laços de interconhecimento, logo mais governáveis). Essa tensão cobre o que torna problemático o pensamento do laço político a partir de um modelo de amizade: tensão entre, de um lado, a dimensão eletiva da amizade, e, do outro lado, o tipo de vida em que ela consiste: uma fragmentação contínua, uma vida compartilhada ao longo do tempo, uma maneira de ser em relação igualitária. De um lado o gosto parcial, do outro a familiaridade; de um lado afinidades, do outro a coexistência. A parcialidade da eleição podendo a ameaçar a coexistência, a exigência de assumir a coexistência não escolhida podendo levar a negar ou a desvalorizar as inclinações parciais. (Mas por que nos tornamos amigo·a·s? Por que nos escolhemos ou por que à força de nos frequentar nos tornamos?) A amizade como modelo político pode servir tanto às aspirações as mais exclusivas quanto às mais inclusivas.

Consequentemente, surge um *segundo* problema, já mencionado: aquele de saber se os grupos constituídos por afinidades são intrinsecamente igualitários, horizontais e, portanto, livres, se frustram ou recusam necessariamente as dominações, as segregações e outras captações. A tradição que promove os laços, as companhias, as amizades, as afinidades contra as instituições e os programas, é certamente antiautoritária, igualitária. Dito isto, acontece que esses temas são retomados por autores cuja posição política é, no mínimo, mais ambígua, como é o caso de Péguy quando escreve o seu "a nossos amigos" — *A nossos amigos, a nossos assinantes*, em 1909:

> Sem nada pedir a ninguém, nada que pareça mesmo uma adesão, sem nada impor a ninguém (...), sem ter [publicado] nenhum programa (e isso naturalmente foi o mais difícil, sabemos bem disso, é o que complicava mais a nossa tarefa, que mais contribuía para torná-la difícil), (e mesmo que isso tanto nos faça quase suspeitos, nesta invasão de costumes eleitorais, um programa é necessário em todos os lugares), (e, quando não o temos, as pessoas nos pedem mesmo assim; é sempre como à porta dos teatros; é verdade que de fato é apenas teatro, imenso teatro e cabotinagem; elas têm de tal forma o gosto pela servidão, e a ignorância e a incompreensão dos costumes da liberdade, que lhe imploram, com impaciência, e logo com arrogância, para que lhes restrinja a liberdade...), sem declaração, sem proclamação, sem declamação, sem aparato exterior, sem pompa, sem estatutos pretensiosos, sem formalidades nós obtivemos dois resultados importantes: o primeiro, que talvez seja o mais importante, é de não nos termos tornado nem em seita, nem em escola, nem em empresa, nem em partido.
> (...) Segundamente, obtivemos esse resultado sem exercer nada que se assemelhasse a uma pressão, de qualquer espécie, sem exercer nem exigir qualquer treinamento, sem nada perguntar a ninguém, sem nada exercer nem exigir que se assemelhasse a

uma adesão, a uma solicitação, a um compromisso, a uma alienação qualquer; nós temos, através dessa longa paciência (...) constituído, pouco a pouco, sem comprometer ninguém, uma sociedade de um modo incontestavelmente novo, uma espécie de casa, uma sociedade naturalmente livre de toda liberdade, uma espécie de família de espíritos, sem o ter feito precisamente de propósito; de modo nenhum um grupo, como dizem; este horror; mas literalmente o que há de mais belo no mundo: uma amizade; e uma cidade.
Tecnicamente, expressamente o que Michelet chamou uma amizade.

Este texto de um solitário que exalta a amizade, uma comunidade fantasiada que toma por essa razão sem dúvida ares de segredo e de complô, esse texto se apresenta — e o outro *Aos Nossos Amigos* retomará esse tema — como um pensamento daqueles que foram derrotados — mas o pensamento da derrota pode ser mais nostálgico que voltado para a invenção de vidas mais desejáveis.

Um tal pensamento da amizade poderá assim se ver censurado por sua abstração, sua ambiguidade, sua ausência de ancoragem em práticas concretas e determinadas dos laços. Não é suficiente opor a amizade às instituições, ao partido, ao programa, para estar do lado da emancipação e da igualdade. Não são suficientes, além disso, encantamentos sobre os laços que se tecem e as amizades que se criam e sobre seu caráter subversivo para concretizar, em suas práticas, laços habitáveis. Obviamente, os adeptos dessas belas fórmulas se destacam em reproduzir o pior por meio da dominação, masculina, por exemplo, e que, a camaradagem praticada nesses "grupos afinitários" nada têm de amigável. E, qualquer que seja, a retórica afinitária poderia ser adotada pelos grupos os mais discriminatórios, os mais exclusivos.

Os apelos aos laços poderiam também permanecer fórmulas vazias por falta de levar em conta as condições materiais dos laços e o que lhes faz obstáculo. Parece difícil falar de laços políticos sem falar das diferenças politicamente produzidas (gêneros, raças [*races*][92], classes sociais).

Finalmente, a *terceira* questão é a confusão possível, ou a ambiguidade mantida, entre o agrupamento afinitário de amigos e o complô, a conjuração, a conspiração. La Boétie opõe a companhia ao tirano e distingue os companheiros e os

cúmplices, a amizade e a cumplicidade, a companhia e o complô, mas seus exemplos históricos de amizade são exemplos de conjuração política, de tiranicídios incitados por amigos. Na *Enciclopédia* de Diderot e d'Alembert, o termo companhia está ligado ao de tropa, de bando[93]. O contexto político e policial do século XIX fez de todo grupo não institucional um lar conspirador, uma sociedade secreta, voltada para a "a mudança da sociedade"[94]. Em *Aos Nossos Amigos*, a "comuna" é resumida à conjuração: juramento de manter-se juntos, de juntos confrontar o mundo, de estar em relações mútuas permitindo manter-se juntos; ela é então definida assim: "uma qualidade de vínculo e um modo de estar no mundo", e seu caráter de crime de sombra, o fato de que uma conjuração é uma conjuração contra, que ela une pelos laços de fidelidade a fim de derrubar

92 Empregado o termo, dentro da tradição anglo-saxônica, para designar não uma essência biológica, mas uma construção social e imaginária — para sustentar o argumento que faz Nassira Hedjerassi em seu prefácio à bell hooks, *De la marge au centre*, *op. cit.*, p.18.

93 *Encyclopédie*, Diderot et d'Alembert. [*Enciclopédia, ou Dicionário razoado das ciências, das artes e dos ofícios*, Editora UNESP].

94 Ver Pierre Pachet, *Ibid.*

o poder existente, é devolvido implícito[95]. Há, portanto, toda uma história contestatória, revolucionária, que destaca as noções de afinidade, de companhia, de comunidade, de amizade, desempenhando mais ou menos a ambiguidade com a conjuração, a conspiração, como num pequeno texto postado na página do Facebook de "*Soyons sauvages*" [Sejamos selvagens], em 7 de novembro de 2016:

> Conspirar quer dizer respirar junto, e é disso que somos acusados; eles querem nos impedir de respirar porque nos recusamos a respirar violentamente em seus asfixiantes locais de trabalho, em suas relações individuais, familiares, em suas casas atomizadas. Há um atentado que confessamos ter cometido, é o atentado contra a separação da vida e do desejo, contra o sexismo nas relações interindividuais, contra a redução da vida a um benefício salarial.[96]

Se há uma conspiração assim que respiramos junto·a·s, é que a opressão é pressão, compressão do sopro, da vida, e que essa pressão é isolamento. É que respirar "junto", já é desfazer a ordem das separações, sobre a qual repousa a dominação, e é fazer isso recuperando o fôlego, retomando a vida — e só podemos retomar a vida junto·a·s, ao conectar uns e umas aos outro·a·s. Como se essas metáforas exprimissem uma experiência vital e sensível da política.

---

95 Comité invisible, *À nos amis*, La Fabrique, 2014, p. 201–202. [*Aos nossos amigos: crise e insurreição*, N-1 edições (2016), tradução de Edições Antipáticas].

96 https://www.facebook.com/enrage.e.s.org/posts/611383369033752

“Estamos sufocando”. Fotografia particular.

"Enfim, respiramos". São as primeiras palavras de Simone Weil quando ela descreve a experiência das greves de 1936, em "*La vie et la grève des ouvriers métallos*" ["A vida e a greve dos metalúrgicos"][97]. Aos anos de angústia e de submissão permanentes, de necessidade de fazer calar as almas, os desejos, os sentimentos, de se fechar no silêncio, de se curvar a "uma tal vida" "sob a pressão da extrema necessidade", escreve Simone Weil citando Homero, sucede-se um período de pura alegria vital: "Alegria de viver, entre essas máquinas mudas, ao ritmo da vida humana — o ritmo que corresponde à respiração, aos batimentos do coração, aos movimentos naturais do organismo humano, e não à cadência imposta pelo controlador do cronômetro". Essa alegria é a descompressão: "Assim que sentimos a pressão enfraquecer, imediatamente os sofrimentos, as humilhações, os rancores, as amarguras silenciosamente acumuladas durante anos constituíram uma força suficiente para afrouxar o aperto". É nesses mesmos termos que Simone Weil descreve as revoltas populares: "Em certos momentos da história, um grande sopro passa sobre as massas; sua respiração, suas palavras, seus movimentos se fundem. Então, nada lhes resiste. Os poderosos conhecem por sua vez, enfim, o que é sentir-se sozinho e desarmado; e eles tremem"[98]. O levante mistura os sopros, como se uma força comum de vida atravessasse e unisse os insurgentes. A pressão da dominação isola, separa, enfraquece, comprimindo a vida e o indivíduo; que ela

97 O texto pode ser encontrado na coleção *La Condition ouvrière* (Gallimard). [*A condição operaria e outros estudos sobre a opressão*, Editora Paz e Terra].
98 Simone Weil « Méditations sur l'obéissance et la liberté » [Meditações sobre a obediência e a liberdade], (1937), OC II 2, *op. cit.*, p. 133.

seja removida, e que a vida circule de novo e se estenda pelos laços novamente possíveis.

Dito isto, a questão se coloca em saber o que distingue, ou se há lugar para distinguir, a lógica afinitária da lógica cúmplice ou conspiratória. Parece em todo caso, de imediato, que a lógica afinitária é mais aberta que a da conspiração, esta oculta por definição, em suspeita de todo·a recém-chegado·a que poderia ser um ou uma infiltrado·a, possível denunciante. A conspiração vive de não ser conhecida do mundo exterior: não se trata de reuni-la por afinidade, já que não exibe formas de vida em público. Ela entroniza. Ela coopta. Se há um círculo de amigo·a·s, ele deve ser relativamente fechado. O grupo baseado em afinidades talvez se exponha demais, está sempre em formação e procurando atrair para si, mostrar por meio de práticas que a vida é mais habitável de seu lado. Ele é aberto, está em constituição, se quer força de atração, aspira à difusão de maneiras, de desejos.

★

Essa três tensões, entre multiplicação e eleição dos laços, entre amizade e cumplicidade, entre uma concepção de amizade que a vê como base de todos os agrupamentos políticos não institucionais, e uma concepção que faz dela uma prática emancipatória nela mesma, encontramos problematizadas no ensaio de La Boétie, *O discurso da servidão voluntária*, que propõe ao mesmo tempo que a ideia de amizade é uma pratica aberta, emancipatória, não discriminatória, e que ela é seletiva, conspiratória e voltada contra a dominação.

II. COMPANHIA, AMIZADE E CONSPIRAÇÃO: O *DISCURSO DA SERVIDÃO VOLUNTÁRIA*

A ambivalência de um pensamento da amizade entendida como coexistência igualitária, generalizada, e também como uma maneira de viver, dentre outras, e contra outroas, oposta à dominação, e, de fato, minoritária e elitista, toma forma, sob a pena de La Boétie, na oposição entre a "companhia" antes da queda no mundo da dominação e a amizade dos vencido·a·s desse mundo, ou daqueles e daquelas que nele resistem. (É, então, uma maneira de viver desejável, que distingue aqueles e aquelas que a preferem de outro·a·s, e, que podemos preferir, mas sem que seja possível justificar essa preferência parcial senão tornando sensível o fato de que a vida é mais habitável deste lado).

O *Discurso da servidão voluntária*, escrito entre 1546 e 1548, numa época em que o poder real e o Estado se expandiam e se fortaleciam à custa da repressão sangrenta de levantes, é um texto repleto de tensões e de paradoxos, visando mais a atrair para uma maneira de viver e de se relacionar com o poder que a demonstrar uma verdade qualquer. Sabemos que La Boétie parte da constatação de uma realidade incompreensível à primeira vista, a que um só homem pode tiranizar a muitos. Pondo de lado a tese segundo a qual o medo ou a força explicaria a submissão, ele levanta a hipótese de um misterioso desejo de servir. Ele propõe algumas explicações, em tensão umas com as outras ou situadas sobre diferentes planos. Há aquela que lembramos mais frequentemente: a explicação pelo costume, que levaria o povo a crer na legitimidade do tirano. Há também uma outra que, à primeira, ele acrescenta ou substitui: a explicação pelas técnicas de manipulação que o poder usa. E há ainda aquela, menos conhecida, embora ele a apresente como a principal, "a fonte e o segredo da dominação": a colaboração de uma grande parte da sociedade, e, em primeiro lugar, das elites, com o poder. Essa hipótese inverte radicalmente a perspectiva, pois, na raiz do desejo de servir, se encontra, de fato, um desejo de tiranizar, um gosto pelos "prazeres duvidosos da dominação", que encerra numa alienação total, um tipo de vida que La Boétie deseja descrever como um inferno, "nem mesmo uma vida". Depois, para concluir: um giro, uma mudança brusca de opinião.

Esse texto, que ausculta os mecanismos da dominação, é intercalado com passagens sobre o que é amar e estar ligado·a

pelos laços de amizade. É sem dúvida menos um tratado demonstrativo contra a dominação que uma pintura que procura dar formas sensíveis às maneiras de viver (na amizade ou na dominação), aos modos de amar, que partem de gostos que um simples escrito não pode pretender modificar ("sabiamente não quero pregar") — daí a ausência de conclusão. Em outras palavras, em vez de uma teoria dos regimes ou de uma teoria da legitimidade política, que ele rejeita explicitamente, La Boétie propõe uma reflexão sobre os desejos e as maneiras políticas de se ligar. Essa reflexão sobre os laços é acompanhada, tanto na proposta do texto como em sua forma, por uma recusa da primazia da razão.

O texto parte dessa ideia: de maneira paradoxal e chocante, as pessoas desejam a servidão. Em um parágrafo crucial, La Boétie procura a palavra para designar esta realidade escandalosa "que a língua se recusa a nomear". A ausência de um nome adequado evita o risco teórico, frustra a tentação de demonstrar, e desloca o tratado para a descrição das maneiras, de amar, de desejar, seja uma questão de sensibilizar, de fazer desejar, ou fugir.

Assim, a ideia afirmada é que o problema político é um problema de sensibilidade, ideia rapidamente confirmada pelo fato de que o povo que se submete pode fazê-lo, porque "não mais sente seu mal" (daí a inanidade de discursos racionais deduzindo desse mal a exigência de insubmissão, de onde também a exigência de torná-lo sensível, novamente), enquanto que aqueles e aquelas que colaboram com o poder não têm mais sentimentos próprios: eles adotaram a maneira de sentir do tirano — o que os move é o desejo de compartilhar das maneiras de viver dos dominantes. A essas maneiras de desejar que sustentam a dominação, e das quais ele descreve o caráter patológico e a infelicidade que provocam, La Boétie opõe o desejo que liga amigo·a·s, aquelas e aqueles que vivem em companhia uns e umas de outro·a·s. Dois tipos de desejos são, assim, opostos: um desejo de dominar e de monopolizar, que só se desenvolve à custa de outro·a·s, ligado ao gozo de fazer mal (para o qual estamos prontos a nos submeter), e um desejo de oferecer, de compartilhar, de unir vidas em comum.

Dito isto, as várias passagens sobre a amizade não são unívocas e não acontecem sem variações e tensões paradoxais.

No centro do discurso, La Boétie baseia a liberdade na amizade, ou antes, na horizontalidade que permite a vida em companhia. Se os seres humanos são livres, não é porque sejam "sujeitos da razão" (precisamente, eles seriam "sujeitos"), mas porque, sendo todos iguais, "todos companheiros", eles não são "servos de ninguém". Quanto à ideia de que os seres humanos são feitos para viver em companhia, ela repousa primeiramente sobre o pensamento de uma certa identidade (Os homens são "feitos da mesma forma, como do mesmo molde", o que lhes permite "reconhecer todos como companheiros, ou antes, como irmãos"), e, depois, sobre o pensamento de suas diferenças (de capacidades, de necessidades), fontes de relações recíprocas (dar e receber benefícios). A companhia é então atrelada à coexistência (todos eles têm "a terra por morada"), estão "alojados na mesma casa"), e, enfim, à existência da palavra e da voz, que lhes permite entrar em acordo, produzir algo em comum, e, portanto, de se entreconhecer (o que relativiza o primeiro argumento identitário). Ou, alguns parágrafos depois, conhecer a si mesmo, o que supõe se entreconhecer e, portanto, pensar com os outros (sem o que os seres humanos se tornam todos "singulares em sua fantasia"). Conhecer a si mesmo, o que somente é possível se tomarmos parte em relações igualitárias, é então posto em equivalência a odiar a tirania.

Essa equivalência é possível porque a companhia designa um conjunto de vidas ligadas por relações recíprocas. Nisso ela se opõe à dominação que, ao contrário, é uma ausência de laços e se baseia na destruição desses (o tirano exerce seu poder sobre o povo de maneira unilateral; e ele o exerce isolando os indivíduos).

Desafortunadamente as pessoas se separaram em dominantes e dominados e foram isoladas umas das outras. A partir dessa menção ao "desfortúnio" [*malencontre*] no texto, a amizade não é mais o privilégio de uma elite minoritária: "A amizade é um nome sagrado, é uma coisa santa; a amizade só se estabelece entre pessoas boas (...)".

Em particular, a amizade une conjurados, tiranicidas: aqueles que conspiram são unidos pela confiança que proporciona a experiência das maneiras, dos caráteres, pela coragem que dão o amor e o compartilhamento das vitórias, bem como das derrotas.

Laço eletivo, seletivo, a amizade se distingue de outras formas de laço. Em primeiro lugar, daquele que une o tirano a seus apoiadores, pensado em certo momento do texto como um vínculo de cumplicidade comparável àquele que une piratas, corsários, ladrões, que se agrupam para pilhar e se apropriar, juntos, de riquezas; sua comunidade repousa sobre uma forma de partilha, de igualdade e de mutualidade, puramente instrumental. A amizade é então diferenciada da cumplicidade ("de um lado um complô, do outro uma companhia, de um lado eles se temem, do outro eles se amam, de um lado são cúmplices, do outro são amigos"). A cumplicidade é instrumental; a amizade é um fim em si mesma. Se os exemplos de amizade que La Boétie propõe são exemplos de cumplicidade na conjuração, a amizade não se reduz a essa cumplicidade.

Por fim, La Boétie recusa pensar que os cortesãos estejam unidos ao tirano por um vínculo de cumplicidade, embora ainda seja um vínculo: não há entre eles nenhuma igualdade, nenhuma mutualidade, o tirano "nunca é amado, nem ama" e ele exige tudo; os cortesãos que em última instância não são cúmplices, mas escravos, "contentes em suportar o mal para fazê-lo", se entregam completamente ao tirano, pois se identificam com ele, com seus prazeres, desejos, pensamentos e sentimentos, renunciando a ter qualquer coisa própria, inclusive uma vida que seja deles. A amizade conecta os seres humanos, abre espaços de compartilhamento, de mutualidade; a dominação os desconecta, mas os mantém juntos por mecanismos de identificação.

A oposição entre amizade e cumplicidade, não é mais, então, tão nítida quanto parecia, visto que a cumplicidade está mais do lado dos amigos conjurados que da coalização dos dominantes: resta que a amizade é reservada a uma elite moral e, assim, distingue-se também da companhia, que parecia própria ao ser humano em geral:

> A amizade (...) só se estabelece entre pessoas boas, e só pode ser feita por mútua estima; ela se mantém não tanto pelos benefícios que pela boa vida.

A companhia era baseada em benefícios recíprocos (que podem ser puramente instrumentais), a amizade em boa vida: uma personalidade, um caráter, uma maneira de ser sugerem que uma partilha é possível e desejável, dão confiança ao laço, valorizado como laço e não como simples meio para o indivíduo. A cumplicidade é uma redução do laço de companhia a um pequeno círculo eleito; a amizade supõe além, que um

laço, eleito, seja desejado por ele mesmo. Quanto aos cortesãos, que acreditam poder ser amigos do tirano, eles mostram uma incapacidade de eleger seus amigos que os aprisiona em um mundo instável, inseguro, isolado, onde não têm "inimigo declarado, nem amigo garantido!"

Na orientação por afinidades, trata-se da escolha de uma vida.

Sobre a questão de saber se a amizade e a companhia designam o mesmo tipo de relação, o texto permanece, contudo, incerto. Comentaristas que se confrontam com o problema veem na companhia um vínculo social em geral, ligado à vulnerabilidade humana e, na amizade, um vínculo moral e seletivo, que poderia delimitar castas de pessoas "bem-nascidas"; e, na relativa confusão dos dois, uma tentativa de transpor a igualdade inerente à amizade para o vínculo social.[99]

---

99 Ver Ullirch Langer, « La rhétorique radicale de l'égalité. Compagnie et amitié dans *De la servitude volontaire* » [«A retórica radical da igualdade. Companhia e amizade em *Dircurso da servidão voluntária*"], in *Cahiers La Boétie, no. 1, Amitié et compagnie, autour du Discours de la servitude volontaire de La Boétie*, Stéphan Géonget et Laurent Gerbier (dir.), Classiques Garnier, 2012, p. 77–94.

Parece-me que a companhia (amigável) é a experiência de um laço mútuo que se estabelece entre os seres humanos a partir da coexistência não escolhida, e que é contrária, em sua forma, à dominação, que destrói toda mutualidade e todo laço. É um laço igualitário, uma garantia contra a dominação, e uma maneira de estar junto desejável, pois aqueles e aquelas que a adotam não mutilam sua vida, seus desejos, seus pensamentos, sua forma de sentir. Ao contrário, somente a companhia permite aos seres relacionais viver e pensar.

Após o desfortúnio, a amizade seletiva é, por sua vez, mais diretamente oposta à dominação, porque dela se esquiva e porque ataca seus fundamentos. Sua prática é por si só uma ilha de resistência à sociedade dividida: valorizada por si mesma, ela é ao mesmo tempo e imediatamente, voltada contra o sistema que tende a impedi-la (pela repressão, pelos costumes que instaura e pelos desejos que fabrica).

A amizade é mais diretamente oposta à dominação que a companhia, mas ela é também um fim em si mesma, uma maneira de viver desejável. Parece-me que é uma dada situação de dominação, de divisão e de isolamento, que faz da amizade seletiva ao mesmo tempo a prática que encarna a maneira de viver desejável, e uma forma de luta, uma base para a luta.

Na sociedade antagonista pós-desfortúnio, a amizade desenha laços desejáveis contra os laços atuais, e estrutura uma oposição que não é voltada somente para a tomada de poder, mas para a abolição da dominação. Uma sociedade dividida entre "aqueles para quem a tirania é lucrativa e aqueles para os quais a liberdade seria agradável" torna necessário tomar partido, entre tipos de vida, entre amigo·a·s e inimigo·a·s da amizade, porque a amizade não é mais o feito de todo·a·s, mas o privilégio de quem ainda deseja a liberdade, que detesta a dominação. Em uma sociedade destruída pela tirania, a amizade não pode mais ser a base do vínculo social, ela é apenas uma maneira de viver escolhida contra o modo de vida dominante. É porque a amizade é tomada de partido em um antagonismo, contra o partido da dominação, que a exclui, que ela é seletiva e eletiva. Assim compreendida, a eleição é, em última análise, menos moral que política.

Todavia, se a orientação da amizade é política, a política é restabelecida a uma escolha ética entre maneiras de viver e desejar. Não há pensamento da ação coletiva no *Discurso da servidão voluntária*, mas há um pensamento das orientações de cada um nos laços políticos. As questões principais, dirigidas menos à razão que aos desejos dos leitores e das leitoras, são as seguintes: quem experimenta o mal que produz a tirania, quem é atraído pelos prazeres do tirano? Quem prefere os laços de amizade e quem prefere a dominação? De quem podemos ser amigo·a·s? Quais laços são habitáveis?

CAPÍTULO II

AFINIDADES, ALIANÇAS, AMIZADES

I. ALGUMAS FAIXAS

No inverno de 2017, em torno das revoltas suscitadas pelas violências policiais cometidas contra Adama Traoré (morto em decorrência de tais violências), depois contra Théo Luhaka*, muitos debates aconteceram, muitos fóruns surgiram, para pensar o que parecia inadiável e colocava tantas dificuldades: a convergência desejada, sonhada, fracassada, às vezes esboçada entre dito·a·s militantes político·a·s dos centros da cidade e aqueles e aquelas racializado·a·s das periferias. Essa questão assombrava o movimento social da primavera de 2016 (dizia-se que a falta dessa convergência era uma de suas fraquezas). Ela surgiu concretamente quando da constituição de uma coordenação contra a repressão (lançada para reagir às violências policiais durante as manifestações). O que se segue não é nada mais que um relato bastante esquemático dos termos do debate, acompanhado de uma reflexão sobre alguns impasses conceituais, e sem qualquer pretensão prescritiva. O que me interessa aqui não é o que foi feito, e muito menos questões de pessoas ou organizações: são

* N.T. Adama Traoré e Théo Luhaka, jovens negros periféricos, foram vítimas de abordagens policiais abusivas brutais, nos arredores metropolitanos de Paris, respectivamente em 2016 e 2017, que resultaram na morte do primeiro e em sequelas permanentes ao segundo.

os discursos, os termos empregados, os conceitos mobilizados, e seus efeitos. Minha única intenção aqui: especificar alguns conceitos e refletir sobre seu uso.

A primeira reunião da coordenação anti-repressão, na Bolsa de trabalho de Paris*, em abril de 2016, permitiu medir a desconfiança: a proposta de aliança vinda do movimento contra a lei de trabalho era suspeita de ser instrumental, oportunista e circunstancial — sem futuro. A constatação retornava: "Vocês nos deixaram sozinho·a·s em 2005". A conclusão foi tomada: "Vocês nos deixarão de novo sozinho·a·s quando seu movimento terminar".

Alguns meses mais tarde, na esteira do movimento da primavera, as violências policiais contra Adama e Théo desencadearam fora bairros das periferias uma mobilização inédita. Assa Traoré, irmã de Théo, e seu grupo ("*La Vérité pour Adama*" [A verdade para Adama]) muitas vezes afirmaram, em reuniões públicas ou na imprensa, que o movimento contra a lei do trabalho e a experiência do *cortège de tête* havia mudado as coisas, deslocado as percepções, produzido capacidade de se compreender, permitindo vislumbrar uma confiança mútua e lutas comuns. Assim, eles convidaram para Beaumont, durante uma jornada de mobilização por ocasião da prisão de Bagui Traoré, irmão de Adama, no sábado, 4 de março de 2017, os pais de Antonin Bernanos, militante antifascista parisiense branco que tinha sido preso depois do caso do carro queimado em Valmy, na primavera de 2016, pondo assim sobre um mesmo plano as repressões policiais exercidas contra pessoas racializadas das periferias e as que visam militantes político·a·s antifascistas.

* N.T. *Bourse du travail de Paris*. Estabelecimento administrativo público, de natureza sindical, de acolhimento, informação e orientação ao trabalhador.

No entanto, essas aproximações têm sido objeto de perguntas, de incompreensões, quando não de tensões.

Parece-me que a questão das maneiras não é estranha a isso. Para ilustrar esse sentimento, alguns textos — artigos, cartazes, faixas.

Na manifestação por Adama, de 5 de novembro de 2016, em Paris, uma mulher branca trazia um cartaz: "Adama Traoré assassinado. Todo mundo sofre.". Podemos achá-lo problemático, vendo-o como expressão de uma compaixão, de uma fraternidade universal, indiscriminada, desatentas às diferenças: "Todo mundo sofre": sim (talvez) — mas não. Sim, podemos nos simpatizar, nos sentirmos afetado·a·s, mesmo sofrer; mas não — em todo caso, nem todo o mundo sofre da mesma forma. Retomo os argumentos que circulavam: aqueles e aquelas que não viveram em meio ao medo permanente de um controle de identidade que pode sempre degenerar, que não ouviram continuamente seus pais lhe dizerem para prestar atenção na polícia quando saíssem, esses e essas não podem sofrer da mesma forma que aqueles e aquelas para quem isso constitui o mundo ordinário. Uma fórmula que foi bem-sucedida, nas redes sociais e nas faixas era: "Théo e Adama lembram a você porque Zyed e Bouna[100] estavam correndo". Mas aí está, precisamente: há aqueles e aquelas que precisam ser lembrado·a·s disso, e há aqueles e aquelas para os quais isso é o natural do cotidiano, e que não correm o risco de esquecer. Essa diferença basta para mostrar que nós não habitamos o mesmo mundo, e então, compreendermos as reações que podemos ter lido

100 Bouna Traoré e Zyed Benna, são dois adolescentes que morreram em 27 de outubro de 2005, eletrocutados no recinto de uma subestação elétrica onde se refugiaram para escapar do controle policial, que foi o ponto de partida para revoltas nos subúrbios (também conhecidos como os "*émeutes de 2005*" [motins de 2005]).

aqui ou ali: não, vocês não compreendem nada do que nós vivemos, nossas experiências de vida não têm a menor relação, não temos nada em comum. Não se trata de parar para sempre a observação à distância. Mas talvez que a pretensão à compaixão indiscriminada — "todo mundo sofre" — negue essa diferença de mundo que é o nosso dado político.

Melhor seria ignorar o indefensável cartaz "Eu sou *bamboula*"[101], carregado por um homem branco, no sábado 18 de fevereiro de 2017, na Praça da República — lógica de identificação (ela mesmo um impasse, sem dúvida) levada ao grotesco, ao patético. Mas é também que, desde Charlie, aparentemente é preciso "ser".

Mais próxima de uma lógica política, talvez, é a faixa que aparecia na foto de capa da página do Facebook do *Mouvement Inter Luttes Indépendant* [Movimento Inter-Lutas Independente] em abril de 2017: "Para a unidade é preciso inimigos comuns". Não mais pretensão de identificação, não mais compaixão pelas vítimas, mas, para além da citação, uma análise objetiva da conjuntura, uma designação do inimigo comum: o Estado, particularmente repressor desde o estabelecimento do estado de emergência em 13 de novembro de 2015*, em relação ao qual as posições dos e das militantes dos centros da cidade e dos e das habitantes e militantes das periferias seriam equivalentes. A unidade então é pensada a partir da conjuntura, e com relação ao inimigo.

---

101 Em referência ao sindicalista da polícia que declarou, na televisão, que, quando se trata de abordar jovens negros, "*bamboula* [...] ainda é adequado", Programa "C no ar", no canal França 5, em 9 de fevereiro de 2017. [N.T. O termo *bamboula*, historicamente empregado em caráter racista e discriminatório na língua francesa, é originalmente um tambor africano.]

* N.T. Data em que ataques terroristas, em Paris, deixaram 130 mortos, desdobrando-se na implementação pelo Estado de um estado de emergência, no qual foram ampliados os poderes e a autonomia da força policial, considerada abusiva e discriminatória.

"Para a união é preciso inimigos comuns". Fonte: Facebook.

Esse raciocínio baseado no inimigo comum pode ser entendido, mas ele deve ser matizado. Há diferenças de intensidade. E — o argumento é clássico e circulou muito — ser perseguido pelo que somos ou pelo que fazemos, isso muda tudo.

Houve, também, textos que criticavam as práticas amotinadas vindas dos centros da cidade em apoio a Théo, vendo aí o fantasma de um oportunismo, de uma captação do discurso político, uma nova arrogância vanguardista[102], alguns pedindo aos "não envolvidos" para se calarem, outros chamando a um interconhecimento real, a uma partilha de solidariedades cotidianas, antes de considerar ações comuns de luta.

O passivo histórico de uso das lutas de racializado·a·s pelo antirracismo moral e institucional de movimentos como sos Racisme explica em parte essas desconfianças. Mas elas dizem algo mais profundo, sobre os laços políticos e sobre as atenções, as maneiras, a sensibilidade que esses implicam.

O que certamente parece é que se achar situado·a em espaços comparáveis, mesmo de longe, em sistemas de dominação, aqui com relação à repressão policial e judiciária, não é suficiente nem para se identificar, nem para tornar comuns experiências, nem para produzir uma unidade (mas é preciso unidade?). A dimensão racial e pós-colonial que sofrem as periferias exclui toda identificação. E a simpatia não apaga as diferenças de lugar e de relação com mundo. Isso não é, aliás, em si problemático: a amizade não pressupõe identidade nem uma comunidade de experiência anterior (do contrário, sua potência de criar laços seria fraca). Mas os chamados a um

---

102 Ver, por exemplo, « Pour une solidarité durable et appliquée » [Por uma solidariedade sustentável e aplicada] https://blogs.mediapart.fr/xalatparis/blog/140217/pour-une-solidarite-durable-et-appliquee-0

interconhecimento real que preceda a aliança política e estratégica (que não seria mais então uma simples aliança, mas poderia ser uma amizade) sugerem que ter um inimigo comum não faz amigo·a·s e não é um motivo suficiente para tecer laços de amizade.

Havia uma outra faixa, na manifestação de Barbès, em 15 de fevereiro de 2017: "Ontem afogávamos os argelinos, que ainda matamos nas cidades. A solidariedade é nossa única arma". A retórica é muito diferente: "os" argelinos, "as" cidades, um "eles", portanto, distinto de "nós" a quem resta a solidariedade. Resta saber o que entendemos por "solidariedade", e, talvez, a maneira como ela possa ser oferecida. Passar da identificação à solidariedade não resolve todos os problemas, dos quais o primeiro é o fato de ser uma situação delicada se impor ou mesmo se oferecer como aliado·a.

"Ontem afogávamos os argelinos, que ainda matamos nas cidades.
A solidariedade é nossa única arma". Fonte: Facebook.

Porque o que também se expressa, nas críticas a esses movimentos de solidariedade, é a exigência de que as primeiras e os primeiros interessado·a·s possam escolher seus alia-do·a·s. Essa questão provocou muitos debates e divisões na época da "Marcha pela justiça e dignidade" de 19 de março de 2017. Não se trata aqui de entrar em todos os detalhes da polêmica, nem nas questões de pessoas e movimentos, mas pudemos ver, por exemplo, uma divergência entre uma figura como Amal Bentounsi (fundadora do coletivo "*Urgence, notre police assassine*" [Urgente, nossa polícia assassina], que queria aceitar todo apoio sem discriminação, "A Marcha é aberta a todos os que desejam nos apoiar, pois mesmo que as periferias continuem sendo as primeiras vítimas, elas não são mais as únicas", " Eu não posso me privar de nenhum apoio, já somos tão poucos..."[103], e aqueles e aquelas que se recusaram a marchar ao lado de partidos políticos tradicionais (PG - Parti de Gauche [Partido de Esquerda], LO - Lutte Ouvrière [Luta Operária]), entretanto infiltrados na manifestação, embora lhes falte discurso sobre a dimensão estrutural do racismo e das violências policiais, ou que, como Assa Traoré, tenham achado que a marcha "confisca[va] a palavra dos verdadeiros atores desse lugar", pois não era organizada nem por eles nem com eles: "Domingo, carros irão partir de cidades do interior para levar militantes à Paris", ela conta. "Mas não haverá nenhum carro para ir buscar os jovens das periferias. Ninguém foi vê-los. Eles não estão sabendo dessa marcha. Eles não virão." Portanto, ela também não irá"[104].

103 ttp://www.lemonde.fr/societe/article/2017/03/19/la-marche-pour-la-justice-et-la-dignite-divise-les-quartiers-populaires_5097015_3224.html

104 http://www.lemonde.fr/societe/article/2017/03/19/la-marche-pour-la-justice-et-la-dignite-divise-les-quartiers-populaires_5097015_3224.html

Essa questão da escolha de aliado·a·s, de amigo·a·s, junta-se àquela expressa ou suscitada por grupos militantes não mistos (assembleias feministas reservadas às mulheres e às minorias de gênero, acampamentos decoloniais etc.), tão mal aceitos. Discurso típico: "É escandaloso. Eu sou um homem, de acordo, mas eu sou feminista; eu sou branco, mas antirracista, por que então eu sou excluído? Não há motivo para que não possamos falar e agir juntos, uma vez que eu vá dizer que apoio vocês e que somos amigos. E o que se diria se fizéssemos assembleias de homens brancos não-mistas (sic)? Eu sou seu aliado, eu quero ser seu aliado etc."

Tal boa vontade não anula as dominações sistêmicas, de modo que a aliança só pode ser problemática, objetivamente.

Uma amizade não se impõe. Nem se decreta sozinho·a. E modos como esse a deixarão de fora por um bocado de tempo...

Mas...

E se mesmo assim tivermos ainda vontade de estar com?

Na edição de *Ballast* de 17 de fevereiro de 2017, Mathieu Rigouste relembra as violências policiais e as alianças que elas podem suscitar, enquanto relaciona essa questão àquelas das posturas militantes, maneiras políticas, da relação com as teorias, e do que significam *pensar com e agir com*. "Acredito que todo pensamento de emancipação só pode ser elaborado coletivamente, pelas primeiras e primeiros envolvido·a·s, com alia-do·a·s que elas e eles escolham". Ele sublinha a necessidade de experimentar uma condição para a perceber, e distingue o fato de a experimentar por escolha, ou por necessidade, não impedindo esta distinção que "surjam posições comuns", ao mesmo tempo que "linhas de tensões e de rupturas", notadamente na questão das alianças e dos alvos. Segue-se uma crítica às "posturas arrogantes" de certo·a·s "militantes de meios políticos radicais, às vezes bem isolados das classes populares e dos mundos que sofrem a ferocidade do Estado", e a ideia de que somente a criação de "formas reais de solidariedade" nas "lutas pela sobrevivência", de "práticas coletivas associadas a essas realidades", possam levar a uma "crítica realizada horizontalmente" e a lutas comuns — a aliança virá menos do inimigo comum que de uma real partilha das vidas, menos das "grandes perspectivas teóricas" que das "solidariedades concretas frente às galés da vida". Daí a exigência, ele continua, de "propor um nível de organização social crível, formas de vida social livres, autônomas, igualitárias e alegres que mostrem ao conjunto de forças envolvidas que a vida é muito mais digna e promete mais justiça social do lado dos movimentos de emancipação do que de seu esmagamento". Trata-se de suscitar desejos afinitários, e não de convencer, nem a partir de "posições de princípios que se projetam", nem a partir da designação de um inimigo comum[105].

II. ALGUNS CONCEITOS

A partir daí, tentarei precisar o que podemos entender por "afinidade", "amizade política", "aliança".

Primeiramente, a lógica afinitária não é baseada nem na simpatia, nem na identificação.

Na medida em que a simpatia pode ser dirigida a qualquer ser sensível em sofrimento, ela não orienta nenhuma escolha política. A simpatia não é eletiva, ela não assinala preferências, mas uma sensibilidade à sensibilidade de outro·a·s.

A identificação, por outro lado, nega tudo o que no mundo distingue e separa, efetivamente, grupos produzidos por

105 http://www.revue-ballast.fr/mathieu-rigouste-violences-de-police-nont-rien-daccidentel/

uma situação política (combatida). Ao pensar em termos de identificação corre-se o risco, além disso, de restringir o âmbito de encontros possíveis (àquelas e àqueles que imaginam se identificar com, que estão disposto·a·s a fazê-lo, àquelas e àqueles que, por razões biográficas contingentes, se sentem semelhantes). Essas fontes afetivas são aleatórias e frágeis. E o encontro corre o risco de esbarrar na alternativa da identidade e da diferença, aqueles e aquelas que afirmam ou pretendem se identificar sendo facilmente remetido·a·s a sua diferença, arriscando seus protestos serem inaudíveis. Por fim, partir da identificação não deixa espaço para pensar o que é um encontro — o que significa ser transformado, deslocado, por um encontro. Finalmente, raciocinar em termos de identificação reconduz a orientações discriminatórias a serviço da dominação. Quem recusa a pensar em si mesmo·a como x (branco·a, não-periférico·a; ou como homem, quando se trata das lutas feministas) arrisca-se a ser desviado, a despeito de suas intenções, se pensar que pode agir como se tal fato não existisse.

A solidariedade, por sua vez, para ser efetiva, supõe — materialmente — a interdependência social e, portanto, a reciprocidade. Que vidas estejam ligadas objetivamente pela organização social e política, é um fato, mas que verdadeiros laços, recíprocos, daí resultem, é exatamente o que precisa ser produzido. Podemos querer nos mostrar solidário·a·s, mas a solidariedade supõe uma mutualidade que não se decreta nem se pratica sozinho·a.

Quanto ao apoio, que compromete menos, que envolve menos, e que pode ser prestado unilateralmente, esse pode parecer bastante superficial. Ou bastante paternalista (podemos seguir bell hooks em sua crítica a essa atitude: "Apoiar pode (...) significar servir como pilar ou fundamento para uma estrutura frágil. [Esse] sentido é (...) apropriado no que diz respeito aos círculos feministas. Seu teor está enraizado na insistência com que feministas apoiaram a ideia de vitimização compartilhada. Ao se identificarem como "vítimas", as mulheres reconheciam uma fragilidade e impotência, bem como a necessidade de apoio (...)"[106]).

Por sua vez, o conceito de aliança é problemático. Ele sugere a ideia de aliança contra um inimigo comum, ou a de aliança de interesses. Já assinalei que Aristóteles, em consequência, se recusou a pensar o laço político como uma aliança, preferindo ver aí uma forma de amizade, o que leva a pensar a política nem como guerra nem como economia. Nem interesses comuns nem um mesmo inimigo são suficientes para unir uma multiplicidade. O conceito de aliança também pressupõe que pessoas se aliam a partir de suas afiliações primárias. A aliança é, primeiramente, a aliança das famílias, dos clãs, das classes — alia-se a partir de seu meio —, e ela não produz necessariamente partilha, nem laço que afete e transforme profundamente as maneiras de ser e de sentir daqueles e daquelas que mal podemos dizer que se encontram. Ela só pode ser instrumental, pontual, o tempo de uma batalha, da obtenção de um ganho, sem nada produzir *entre* aliado·a·s, sem fazer um mundo comum. Na aliança, só se pode estar *ao lado*, a aliança instrumental pode se desfazer uma vez o conflito terminado, ou mesmo dar lugar a um conflito entre antigo·a·s aliado·a·s.

A amizade designa, então, uma verdadeira maneira de *estar com*. Ela está do lado das práticas igualitárias e de partilha, por gosto. No domínio político, ela designa uma maneira de se ligar que não resulta de uma adesão aos mesmos princípios

---

106 bell hooks, *De la marge au centre, op. cit.*, p. 148. [N.T. Reprodução de trechos longos segundo edição brasileira de *Teoria feminista - da margem ao centro*, Editora Perspectiva (2019), com tradução de Rainer Patriota; presente excerto, p.105]

ou de uma oposição ao mesmo inimigo, mas do desejo que suscita a ideia de viver em tal companhia. A amizade não é um meio, mas um fim.

A amizade não pode ser deduzida de uma situação objetiva, ela não pode ser decretada; ela se forma entre pessoas que compartilham suas vidas ao longo do tempo, uma partilha que, de fato, comprova o desejo de viver juntoa·s; ela apenas é em ato e se manifesta, então, ao encarnar que um mundo comum igualitário é possível. É desde uma tal experiência de vida compartilhada que um *falar com* é um verdadeiro *falar com*, claramente distinto de um *falar por* ou *no lugar de*.

Além disso, a ideia de amizade contém a de eleição. Entre uma lógica identitária da desconfiança (que levaria a recusar todo·a aliado·a) e uma lógica apolítica da aceitação indiscriminada de todos os apoios, há lugar para uma lógica afinitária de abertura à amizade política, seletiva e atenta às tensões, aos obstáculos, aos conflitos.

Quanto à ideia de afinidade, ela designa uma tendência sensível para eleger laços, que então não se baseiam nem em identidades nem em instituições. Ao contrário da declaração de amizade ou da pretensão à identificação, a declaração de afinidade é irrepreensível. Encontrar afinidades com este ou aquele grupo oprimido (ou opressor) nada supõe em termos de identidade comum, de compreensão do outro·a, etc. A posição afinitária, contrariamente à compaixão pelas vítimas, não comporta qualquer postura de dominação. Ela fala apenas um desejo que, não se situando sobre o terreno das razões, não pode ser contestado.

Hipóteses:

A afinidade política não é do domínio da identificação nem da simpatia, ela é sempre situada: é um desejo por uma pessoa ou por um grupo que traduz e engaja imediatamente uma relação com o mundo.

Ela é, em um nível micropolítico, a *eleição do mundo* proposta pelos amigo·a·s desejado·a·s, pelos estilos de vida que elas e eles encarnam, pelos laços que vemos eles e elas estabelecerem e ofertarem como possibilidade.

Ela é também, em um nível macropolítico, a *eleição do mundo* que torna(ria) possível o laço desejado. Em outras palavras, a disposição em *estar do mesmo lado que* ou até mesmo *se ligar à* é imediatamente recusa ou aceitação da maneira como o mundo funciona.

(Encontramos um exemplo dessa relação entre a escolha das pessoas e a escolha de um mundo quando o apoio ou a condenação de um ato de mesma natureza (neste caso, a construção de um muro) depende de quem o comete e de sua relação com o mundo — ficando então claro que não é questão de princípio —, na página do Facebook "Nantes révoltée" [Nantes Revoltada] em 24 de julho de 2017)[107]*:*

- 19 de junho em Nantes. Algumas centenas de pessoas se reúnem numa praça para protestar contra os decretos de Macron. Música, bebidas, bom ambiente. Alguns blocos de concreto vazado são colocados em frente à entrada de um banco como uma ação simbólica. Imediatamente a polícia intervém com extrema violência. Sindicalistas são golpeados na cabeça. Manifestantes são presos. Um pai, que levava seu bebê nos braços, é ferido. A polícia explicará ter intervindo para evitar as "degradações". A Ouest-France [Oeste-França] transmitiu o testemunho do pai de família:

---

107 https://www.facebook.com/Nantes.Revoltee/posts/1403411773028325:0

http://www.ouest-france.fr/societe/police/manif-nantes-j-ai--ete-braque-par-la-police-avec-ma-fille-de-2-ans-5111554.
-Um mês mais tarde, em Séméac, nos Altos Pirineus. Racistas se mobilizam contra o acolhimento de famílias refugiadas num hotel desocupado. Durante várias horas, eles construíram tranquilamente um muro de 20 metros de comprimento para barrar o acesso ao futuro centro de acolhimento. As mídias estão presentes. A polícia deixa que seja feito. Os manifestantes xenófobos receberão até mesmo o apoio do prefeito e do deputado!
http://www.liberation.fr/france/2017/07/24/xenophobiea-semeac-des-militants-construisent-un-mur-antimigrants_1585964
Essas duas ações são rigorosamente idênticas (...)"

O que se evidencia é a lógica afinitária do poder, e o que essas afinidades revelam sobre sua relação com o mundo, suas avaliações etc.)

Para além, a afinidade sendo experimentada a partir do mundo, ela não saberia levar a negar tudo o que pode separar aqueles e aquelas a quem ela inclina. Por definição, distinta dos laços identitários e institucionais, oposta a esses laços, ela conhece e leva em consideração os obstáculos, a distância, a diferença de lugares e o fato de que o laço ao qual ela aspira possa ser uma exigência.

Na qualidade de inclinação sensível, a afinidade está inscrita nos corpos e se dirige aos corpos, com suas maneiras de aparecer, de se deslocar, de se expressar. Quando ela se inclina para um grupo, não o visa como grupo, como generalidade abstrata, ela é suscitada por tal ou qual que faça parte dele, pelas relações que mantêm entre si. É por meio do particular que um grupo é eleito e reunido. Não é a ideia do grupo que atrai, o que podemos saber dos princípios que o distinguem, mas as práticas reais, as maneiras concretas que o unem e lhe dão sua forma, e das quais fazemos a experiência sensível. Temos afinidades com as maneiras de viver, não com identidades de grupo. (Ou, se entramos para um grupo a partir da ideia que fazemos dele, há sempre o risco de, no contato com ele, nos decepcionarmos e não termos afinidades com as pessoas que existem lá.)

A amizade que pode resultar de afinidades políticas não é um laço evidente de se fazer ou de se pensar. Que possa aí existir laço pode ser uma questão. Uma amizade resulta de um encontro feliz, de uma conjunção de desejos; ela não se impõe nem se demonstra, mas surge, se, junto·a·s e em reciprocidade, cuidarmos dela. Quando, nem evidente, nem necessária, ela parece ser uma tarefa, por isso podemos falar de aliança, embora não seja apenas instrumental, fruto de um cálculo racional, e tenha algo de voluntária. Ela envolve a prática de uma certa arte: arte das maneiras, do tato, das formas, da escuta. Por exemplo, formular que o laço seja evidente talvez seja uma maneira brutal, arrogante, contraproducente, que equivalha a pretender *falar com* sem esperar por aquele ou por aquela com quem se pretende falar. Querer demonstrar que a aliança é do interesse de cada parte, é impor o plano dos argumentos e estar cego para aquele da experiência sensível.

É evidente que *falar por* é indecente, que *falar com* é uma necessidade, mas isso pode significar ter que ficar calado até ser convidado·a a *falar com* – enquanto isso, resta refletir sobre as maneiras de falar sozinho·a mas *em direção de*.

Um último problema. As duas dimensões constitutivas das afinidades nem sempre estão reunidas. A articulação entre a relação com o mundo (o macrocosmo) a partir do qual nos orientamos por afinidade, e o mundo (o microcosmo) ao qual aspiramos nos reunir a tais pessoas ou tais grupos por afinidade, não é óbvia.

Por sensibilidade à conjuntura e recusa ao sistema, pode-se mesmo querer se juntar a tais pessoas, tais grupos, e, ao frequentá-los, descobrir que são desprovidos de afinidades com seu estilo de vida, o que pode tornar o engajamento complicado, sem que o afastamento seja satisfatório.

Reciprocamente, por afinidade com tais pessoas, por desejo de compartilhar sua vida, pode-se também esquecer o mundo. Deixá-lo pelas lutas locais que podem dar a sensação de o perder.

São tantas as maneiras de vivenciar as contradições, e mesmo os rasgos, a que a política se dedica.

Simone Weil, ou os amigos políticos inencontráveis?

Juntar-se a combatentes, para tomar uma posição no mundo, e perceber que não gostamos de compartilhar de suas vidas: algo assim aconteceu com Simone Weil quando ela se juntou à coluna Durruti na Espanha. Ela escreveu, a George Bernanos, suas aspirações e desilusões:

> Desde a infância, minhas simpatias se voltaram para agrupamentos que alegavam ser das camadas desprezadas da hierarquia social, até que percebi que esses agrupamentos são propensos a desencorajar todas as simpatias. O último que havia me inspirado alguma confiança foi a CNT [Confederação Nacional do Trabalho] espanhola.

A partir dessas simpatias — e talvez, portanto, sobre uma base ruim, idealista e ilusória — ela foi à Espanha no verão de 1937. Uma breve estada, interrompida por um acidente. Mas o que ela vivenciou foi o suficiente para desfazer não somente suas afinidades anarquistas, bem como, até a Segunda Guerra Mundial, seu desejo de se engajar politicamente, sua disposição em fazer isso. Ela ficou impressionada com "a atmosfera", com "o odor de guerra civil" que superava as "aspirações" que essa guerra havia suposto defender[108], com "a atitude em relação ao assassinato", não tendo "nunca visto qualquer pessoa exprimir, mesmo na intimidade da repulsa, o nojo ou simplesmente a desaprovação com respeito ao sangue inutilmente derramado". Resumindo: "tal atmosfera apaga imediatamente o próprio objetivo da luta"[109].

O que ela sentiu (no contato com as "atitudes", com "a atmosfera"), é que o mundo que preparavam tais combatentes por suas maneiras de lutar, e, sobretudo por suas maneiras de se relacionar ao que faziam, e as relações com o mundo e com os outro·a·s que eles e elas constituíam, não eram desejáveis. A recusa de um mundo a tinha levado à Espanha, mas ela não havia encontrado lá um mundo desejável.

Em última análise, é a triste história de uma mulher a quem o mundo revoltava e que nunca encontrou amigo·a·s com os quais o pudesse combater, que morreu sozinha em Londres, oprimida pelo rumo que o mundo estava tomando.

---

108 « Réflexions pour déplaire » [1936], *OEuvres complètes*, Tome II, volume 2 : *Écrits historiques et politiques. L'expérience ouvrière et l'adieu à la révolution (juillet 1834 – juin 1937)*, textes établis, présentés et annotés par Géraldi Leroy et Anne Roche, Paris Gallimard, 1991 p. 389. ["Reflexões para desagradar" [1936], *Obras Completas*, Tomo II, volume 2: *Escritos históricos e políticos*. A experiência operária e o adeus à revolução (julho de 1834 - junho de 1937), textos organizados, apresentados e anotados por Géraldi Leroy e Anne Roche (...)]

109 *Lettre à Bernanos* [*Carta a Bernanos*] (encontra-se *online*).

É, talvez, a história de uma mulher muito filosófica e, portanto, bastante intransigente, incapaz de dar conta do mundo real.

Uma mulher pouco apta a pensar verdadeiramente a amizade política — ela pensava que a amizade é corrompida a partir do momento que ficamos contentes em pensar como um amigo, que procuramos lhe agradar[110]. A ideia de colocar a amizade antes da verdade não encontraria nenhum espaço em tal universo de pensamento.

E, ainda assim, ela era consciente dos limites de uma posição trágica que consiste em constatar os dilemas, as contradições, a ausência de uma posição plenamente satisfatória:

> Participar, mesmo de longe, no jogo das forças que movem a história, dificilmente é possível sem se contaminar ou se condenar de antemão à derrota. Refugiar-se na indiferença ou numa torre de marfim dificilmente é possível sem que haja muita inconsciência.[111]

A posição moral que conduz ao afastamento do mundo, a uma espécie de indiferença, à recusa de tomar partido sob pretexto de que nenhum partido seja conforme à ideia, nunca a satisfez. No momento da Segunda Guerra Mundial, ela voltou à política e se juntou ao França Livre em Londres — a sensibilidade política prevaleceu sobre as prevenções morais.

Se olharmos mais de perto, a sensibilidade à atmosfera de luta, ao mundo que combatentes forjavam, à sua falta de ami-

---

110 « Formes de l'amour implicite de Dieu », Simone Weil, *Amitié, l'art de bien aimer*, Paris, Rivages, 2016. ["Formas do amor implícito de Deus", *Amizade, a arte de bem amar*].

111 « Méditations sur l'obéissance et la liberté » (1937), *OC II 2, op.cit.*, p. 133.

zade por aqueles e aquelas que eram considerado·a·s vindo·a·s para apoiar, essa sensibilidade, que a tinha afastado da Guerra Civil Espanhola, não era moralizante, mas política. Voltemos sobre os termos nos quais ela expressa sua decepção:

> Tal atmosfera apaga imediatamente o próprio objetivo da luta. (...) Num país onde os pobres são, em sua grande maioria, camponeses, o bem estar dos camponeses deve ser uma meta essencial para todo grupo de extrema-esquerda; e essa guerra foi talvez, antes de tudo, no início, uma guerra por e contra a divisão de terras. Pois bem, esses miseráveis e magníficos camponeses de Aragon, que permaneceram tão orgulhosos sob as humilhações, não eram nem mesmo objeto de curiosidade para os milicianos. (...) Um abismo separava os homens armados da polução desarmada, um abismo muito semelhante ao que separa os pobres dos ricos. Sentia-se em oposição à atitude sempre um pouco humilde, submissa, temerosa de uns, a facilidade, a desenvoltura, a condescendência de outros.

Ela os reprovou, em última instância, por estarem ali por recusa ao fascismo em geral, mas não por afinidade com o mundo daqueles com quem tinham se reunido, por estarem ao lado deles, mas sem estarem com eles, sem que uma amizade política ocorresse. E ela os reprovou por suas maneiras (dominadoras). A seus olhos, um inimigo comum, talvez abstrato, fazia com que coexistissem os camponeses de Aragon e os anarquistas vindos do resto do mundo, sem que ali houvesse encontro e criação de comunidade.

É, talvez, finalmente, a história de uma mulher muito sensível e desamparada — cuja relação com a política era muito sensível — ao lado de pessoas que eram menos sensíveis e cuja relação com a política era mais voltada para as ideias do que para as pessoas.

Talvez, também, ao dar tanta importância às afinidades, às amizades, à sensibilidade política às maneiras, acabe, no final das contas, por transformá-las em ideias, correndo-se o risco de se tonar inapto·a em se orientar num mundo onde não as encontraríamos.

CAPÍTULO III

ESTAR COM: PREFERIR E DEIXAR SER*

Se a lógica afinitária adquire todo seu sentido ao se opor às práticas de dominação que se afirmam fundadas na verdade ou na necessidade, que assumem a forma de uma essencialização das relações e das maneiras de viver, e que se estabelecem ao impor interpretações hegemônicas do mundo que são dadas como neutras, se, enfrentando tais blocos teóricos, ela está ao lado do movimento, do múltiplo, das diferenças, então podemos tentar compreender como ela é pensada e posta em prática ao lado daqueles e daquelas — neste caso daquelas — que tentam escapar dos sistemas hegemônicos ou a eles se opor. De tal posição, a pluralidade é percebida como a garantia de que nenhuma hegemonia, por natureza opressora, esteja em ação.

Sem surpresa, é nesses grupos excluídos do mundo teórico, portanto sensíveis à opressão exercida pela teoria, e sofrendo com a uniformidade de um mundo fechado ideologicamente e que exclui toda diferença, que podemos encontrar algumas pistas. Por exemplo, ao lado de certos feminismos, os mais radicais, os mais revolucionários (sejam os feminismos ligados ao

* N.T. O verbo *être* significa tanto "ser", quanto "estar"; portanto, no francês, as expressões "*être avec*" e "*laisser être*", aqui traduzidas como "estar com" e "deixar ser" podem possuir também, respectivamente, as acepções de "ser com" e "deixar estar".

movimento autônomo italiano dos anos 1970 ou o feminismo negro formado nos Estados Unidos na mesma época).

Esses pensamentos não têm nada de "específico". Eles envolvem uma crítica radical ao capitalismo e à civilização ocidental, que implica uma crítica a todas as formas de opressão que aí se conjugam. (Eles se distinguem nisso dos feminismos que visam apenas a integração das mulheres no mundo tal como ele é, e que se acomodariam à ordem existente se lhes fosse aberto espaço, se as mulheres aí pudessem ter sua cota de poder — e elas contam com satisfação ou consternação o número de mulheres líderes presentes nas 40 maiores

empresas francesas [CAC40], o número de mulheres ministras, em pleno exercício, à frente dos principais ministérios, etc.). Essas maneiras, radicais, de ser feminista constituem, assim, uma entrada nas lutas contra a dominação — em geral. De alguma forma, para essas mulheres, pensar a política a partir da experiência feminina leva a fazer de uma experiência aguda da diferença um ponto de ancoragem para criticar a hegemonia de certas maneiras de existir. Uma parcialidade repensada e reapropriada, laços escolhidos e reconfigurados, são opostos à suposta neutralidade da dominação. Maneiras de se sentir, maneiras de pensar, maneiras de se ligar aí são experimentadas e, como nenhuma delas é tomada como óbvia, são constantemente refletidas.

I. A PARCIALIDADE: UMA GUERRA DIFUSA CONTRA A HEGEMONIA

> Quem conhece bem a história da caça às bruxas (...) sabe bem o que pode acontecer à mente masculina quando imagina a ideia de uma aliança entre as mulheres.
> Livraria das Mulheres de Milão[112]

O feminismo dos chamados anos da Autonomia italiana foi pensando por uma parte do movimento das mulheres (aquelas entre outras que se reuniam em torno da "Livraria das Mulheres de Milão") como uma guerra difusa contra a hegemonia. Precisamente, o que, nas práticas que ali foram desenvolvidas, pôde ser percebido como um ato de guerra, é a forma como as mulheres decidiram se organizar e pensar sem se ocupar dos homens — sem se opor a eles, portanto, deixando-os estar.

Para situar brevemente essa corrente feminista em seu contexto, em um momento dessa história insurrecional italiana, as mulheres tinham o sentimento de que, nas lutas estudantis e operárias, elas eram tão relegadas, instrumentalizadas e desvalorizadas quanto na vida social ou familiar ordinária que essas lutas pretendiam combater. Recusando-se a lutar mais tempo pelos outros que por si próprias, cientes de que só poderiam contar consigo mesmas, algumas se separaram e experimentaram aquelas práticas não-mistas, reservadas somente às mulheres, que ainda provocam tanta histeria, como os grupo de autoconsciência.

De imediato a parcialidade foi afirmada. Lutar pelas mulheres, cuidar das mulheres, ler mulheres, falar entre mulheres, dirigir-se às mulheres. (Mais do que lutar pelas lutas dos homens, cuidar de suas famílias etc.). E, sobretudo, criar laços entre as mulheres — esses laços que o patriarcado dificulta e desvaloriza.

112 *Ne crois pas avoir de droits*, *op. cit.*, p. 238.

Falar com as mulheres era pensado como política, em primeiro lugar porque a constituição de uma fala das mulheres era uma questão. Era política, também, porque isso estabelecia laços que escapavam a uma civilização que não dava espaço para a valorização dos laços entre as mulheres (e menos ainda, dentre esses, dos laços amorosos e homoafetivos), delimitando-os apenas ao socorro mútuo. Preferir se ligar a mulheres, era, portanto, se opor ao mundo que exclui essas relações. E não aos homens.

Uma vez mais: a escolha dos laços é a escolha de um mundo e a recusa de um outro.

Era a escolha de um mundo no qual o homem não era

mais o centro — e, portanto, não mais o objeto do combate. Se havia um protesto contra a dominação masculina, "o homem é [era] cada vez menos a preocupação principal"[113]. O que contava era o que, de fora, era o menos visível: "a nossa existência compartilhada entre mulheres, a possível liberação de nosso corpo (...) ou de emoções até então bloqueadas ou fixadas unicamente no mundo masculino, e a luta para dar uma linguagem a essa alegria (feminina)".

As preferências estavam em primeiro lugar. Como os desejos. Tratava-se de *estar com* e não de *ser contra*, não de *se opor a*, não de tomar o poder, não de afirmar uma condição de vítima, mas de tornar o mundo habitável abrindo espaços para diferenças, para aspirações, laços, maneiras de ser que o mundo excluía.

> Procuramos uma outra via de entrada no mundo, não em razão de uma exclusão, mas em virtude de um desejo irredutível — por causa da diferença — às necessidades sociais e políticas enunciadas pelos homens.[114]

---

113 *Ibid.*, p. 76.

114 *Sottosopra*, edição de 1974 citado em *La horde d'or* [*A horda de ouro*], éditions de l'Éclat, Paris, 2017, p. 450, (o texto online

Mas o início dessas práticas não-mistas, experimentadas não por hostilidade para com os homens, mas por cuidados com as mulheres, por necessidade de se encontrar e de se conectar entre mulheres, despertou muita incompreensão nos homens, conflitos e rupturas de casais; as manifestações de mulheres puderam ser atacadas sob o argumento de que era preciso lutar junto, que "não havia separatismo possível" porque "a luta é uma só, e assim é a forma que deve tomar"[115]. Mas, sob o nome do separatismo, era, na verdade, o múltiplo que era excluído. Vemos os psicodramas que suscitam as manifestações não-mistas de mulheres racializadas (o campo decolonial, o festival MWASI[116], onde a menção aos espaços reservados às mulheres racializadas é transformado pelos detratores em "proibição aos brancos". Como se essas práticas não pudessem ser autônomas, como se fossem necessariamente voltadas *contra*. Incapacidade de conceber que não se é o centro, mesmo rejeitado, que não se é o objeto visado, mesmo da inimizade. Egocentrismo que torna a pessoa incapaz de conceber que a outra possa se pensar independente de si mesmo·a. *Que nos deixem ser*; essa é a pior ofensa.

Se os dominantes não apoiam essas práticas, é também porque elas retiram o véu do consenso, da paz, que recobre a dominação. (É isso, sem dúvida, que motiva a reação da muito masculina (e velha) Academia Francesa contra a escrita inclusiva).

Carla Lonzi observa: a afirmação da parcialidade feminina levanta o véu da hegemonia que se exerce em se fazendo passar por neutra.

---

encontra-se em: http://ordadoro.info/).

115 *Ibid.*, p. 465 – 466.

116 Notadamente em julho de 2017 em Paris. [N.T. MWASI ("mulher", em lingala) é um coletivo feminista negro criado em 2014 https://mwasicollectif.com/]

> Não se reconhecendo na cultura masculina, a mulher lhe retira toda a ilusão de universalidade. O homem sempre falou em nome da espécie humana, mas metade da população terrestre o acusa de ter sublimado uma mutilação.[117]

É a partir da experiência da diferença, de outros desejos, de uma outra concepção do sentido da existência, da multiplicidade das vidas, que o mundo aparece pelo que ele é: um mundo do "esmagamento legalizado, do unidimensional", que mutila os laços e as aspirações das mulheres (entre outro·a·s), um mundo hostil e pensado como colonial.

E, é por causa da hostilidade, que essas práticas não hostis despertaram, que elas devem ser pensadas como uma guerra.

> A Política feminina (...) foi — e continua sendo — uma *guerra contra o que separa uma mulher de sua semelhante* (...). Não era, como foi dito, *uma guerra contra os homens*, mas era e permanece sendo *uma guerra contra a ingerência masculina nas relações entre mulheres e nas relações das mulheres com o mundo.*[118]

Da mesma forma, a política das mulheres é um "questionamento do conceito de poder"[119], uma tomada de posição contra a estruturação hierárquica de uma sociedade fundada sobre relações de poder e de propriedade e contra o único modo de vida que ela valoriza e autoriza: a dominação. Ora, quem aspira ao poder não pode deixar que os outros sejam.

---

117 Carla Lonzi, *Rivolta femminile*, publicado em julho de 1970, citado em *La horde d'or*, *op. cit.*, p. 447.

118 La Librairie des femmes de Milan, *Ne crois pas avoir de droits*, *op. cit.*, p. 252; grifo meu.

119 Carla Lonzi, *Crachons sur Hegel*, *op. cit.*, p. 44.

A recusa da coexistência não é obra daqueles ou daqueles que reivindicam a parcialidade. É, ao contrário, a pretensão à neutralidade, à universalidade que torna incapaz de suportar outras maneiras de viver, laços não controlados, e que conduz à colonização ou à eliminação desses. (Muito recentemente, durante um julgamento, essa representante da neutralidade da justiça, que é uma procuradora, tomou a liberdade de se dirigir a uma jovem mulher trans da seguinte forma: "Enfim, Senhora B., já que é assim que você quer que nós chamemos você..."[120]...)

Mas a prática do afastamento e da diferença incomoda aqueles e aquelas que se sentem confortáveis no mundo hegemônico. O texto de Tiqqun sobre o feminismo italiano, *Échographie d'une puissance* [*Ecografia de uma potência*], compara, aliás, essa prática à conduta de Bartleby, que é muito mais devastadora para o dominante que um ataque frontal. A oposição é pelo menos uma forma de reconhecimento (no mínimo porque não é possível fazê-la sem se opor à). A organização autônoma, o caminho alternativo, a experimentação em outro lugar, parece dizer àqueles que dominam: "Vocês não nos interessam. Nós não precisamos de vocês. (Mas vocês não nos incomodam, desde que possamos nos encontrar sem vocês). De certa maneira, nós ignoramos vocês, fazemos sem vocês (pelo menos durante um tempo). Nós podemos coexistir — a menos que vocês não aguentem e que não conheçam outro modo de existência senão o imperialista, que vocês não possam viver e pensar sem tentar converter. A menos que suas

120 Sexta-feira, 22 de setembro de 2017, no TGI [*Tribunal de Grande Instance*] de Paris, no julgamento do carro da polícia incendiado em Valmy.

formas de vida sejam muito agressivas e invasivas [121]. Mas então são vocês que declaram a guerra."

Essas experiências feministas e os ódios que elas suscitam tem a virtude de desvelar esta lógica da inimizade: o inimigo, que ninguém havia designado como tal, se mostra ao recusar um mundo em que ele não seja o centro e o administrador, ao recusar a coexistência de mundos heterogêneos, ao tentar impedir os laços que poderiam se estabelecer sem ele.

Nesse *ethos* da conversão, que Espinoza afirma pertencer aos seres humanos ("Cada um aspira a que os outros vivam

como ele entende, aprovando o que ele aprova e rejeitando o que ele rejeita."[122]), Virginia Woolf vê uma loucura da razão, que ela coloca na fonte do imperialismo inglês, da opressão das classes populares, e da normalização psiquiátrica e social em geral, e da dominação masculina.

> Mas a Proporção tem uma irmã, menos sorridente, mais temível, uma Divindade que agora mesmo está empenhada — no calor e nas areias da Índia, na lama e nos charcos da África, nos arredores de Londres, em suma por toda parte onde o clima ou

---

121 Parafraseando Frédéric Lordon, que escreve, a propósito de uma reunião de DRH [Diretoria de Recursos Humanos], ocorrida em 12 de outubro de 2017, próximo de Paris: "Não teríamos obstáculos para aqueles que ficassem entre eles [...]. O problema é que esses imbecis têm uma forma de vida agressivamente invasiva, e que eles tem até mesmo por projeto de colocar todo mundo assim: eles até se deram um presidente para isso.", Https://blog.mondediplo.net/2017-09-18-Vivre-et-penser-comme-des-DRH .

122 Spinoza, *Traité politique* [*Tratado politico*], chapitre I, §5 (traduction Bernard Pautrat, Allia, 2011), ver éthique V, 4, Scolie, et III, 31, Corollaire).

o demônio levam os homens a abandonar a crença verdadeira, que é a dela própria (...). Conversão é seu nome (...).[123]

Longe desse *ethos*, a ancoragem sensível das preferências, a recusa da generalização, impedem objetivos hegemônicos. A possibilidade de um *com* é implicitamente reconhecida — estar com aquelas e aqueles que preferimos, coexistir com outro·a·s deixando-os ser e estar.

II. POLÍTICA AFINITÁRIA DE ALIANÇAS

> Essas mulheres têm uma maneira mais fácil de se movimentar, de falar e, sobretudo, de se projetar para uma vida diferente, o que conosco não se faz quase nunca. São mulheres que dão a sensação de poder pensar o mundo.
> *Sottosopra* de 1973 [124]

Por afinidades: aliar-se ou deixar ser.

Uma política de alianças pode ser pensada a partir daí. Isso é o que faz Carla Lonzi em *Cuspamos em Hegel*. A partir de uma abordagem da política que privilegia o existencial, as maneiras de ser, as sensibilidades, uma aliança não é puramente instrumental e nem toda aliança é boa de ser feita. Não nos impomos como aliadas, não nos declaramos aliadas, o que importa são as práticas — repetem as mulheres da Livraria de

123 Virginia Woolf, *Mrs. Dalloway*. [Reprodução de trecho segundo edição brasileira publicada em 2017, pela Penguin Classics Companhia das Letras, com tradução de Claudio Alves Marcondes, p.126].

124 *Ne crois pas avoir de droits, op. cit.*, p. 238.

Milão: elas esperam dos homens não que eles participem das manifestações em favor do aborto, por exemplo, mas que reflitam sobre suas práticas e as modifiquem.

Mesmo que signifique renunciar a uma eventual transformação em massa e deixar de marcar o mundo, a lógica das preferências se distingue de uma lógica das alianças para a qual, contra o inimigo comum, a prioridade é ampliar a luta para a fortalecer. Todos os apoios são, portanto, bons de serem aceitos. Mas tal lógica arriscaria subordinar uns e umas às causas de outro·a·s. Ela expõe ao risco de desvio de finalidade. E ela é mais frequentemente voltada para a tomada de poder. Sobre o que, efetivamente, podem concordar aliado·a·s sem afinidades políticas, éticas, existenciais, senão sobre o desejo de tomar o poder de um terceiro — mas com que fim? Para qual vida? Ela ignora, assim, o fato de que uma luta se joga nos meios, nas maneiras de ser, nas relações que se experimentam na luta. Que o essencial é tornar possíveis outras vidas, outras práticas, outros laços. Sem fechar a possibilidade de outro·a·s outro·a·s. Segundo Carla Lonzi, isso só pode ser feito com pessoas que não contribuíram para estabelecer a dominação e impedir as diferenças, cujas práticas e laços são desejáveis e abrem possibilidades de coexistência. Portanto, pessoas não muito responsáveis por tornar possível a opressão das mulheres.

> Nós escolhemos livremente nossos amigos, não entre aqueles que lutam por nossa causa, mas entre aqueles que não se tornaram culpados de grandes erros ao favorecer o curso da repressão.[125]

Os homens são, então, geralmente excluídos.

---

125 Carla Lonzi, *Crachons sur Hegel*, *op. cit.*, p. 70.

> Nós somente nos comunicamos com mulheres.[126]

Em todo caso, para aqueles e para aquelas, cuja vida não pode ser inscrita no meio dominante, trata-se de uma questão de encontrar maneiras de ser que melhor lhes convenha — os homens que se acomodam ao mundo tal qual ele gira não são concernentes.

> O movimento feminino está cheio de intrusos políticos e filantrópicos. Nós instamos os observadores masculinos a não nos tornarem um objeto de estudo. O consenso, como a polêmica, nos é indiferente. Nós lhes sugerimos que seria mais digno não interferir.[127]

A luta só pode ser pensada ao lado daquelas e daqueles com quem afinidades existam, cujas maneiras de se relacionar com o mundo, com outro·a·s, são compartilháveis. Carla Lonzi enumera algumas figuras:

— Artistas: "A afinidade de caráter que temos com artistas reside na coincidência imediata entre nossa ação e o significado dela. "As mulheres e os artistas (Carla Lonzi fala aqui desde sua posição de mulher e de sua posição como crítica de arte) compartilham uma mesma atenção ao sentido imanente dos atos (e, portanto, também, à dimensão política da vida cotidiana, da vida privada), em oposição à concepção instrumental da ação que se tem quando se quer conquistar o poder.

— Hippies: movimento "não dialético", que foge, por repulsa, da cultura da tomada de poder, que abole a distinção

---

126 Carla Lonzi, *Rivolta femminile*, Citado e reproduzido em *La horde d'or*, *op. cit.*, p. 448.

127 Carla Lonzi, *Crachons sur Hegel*, *op. cit.*, p. 71.

entre o público e o privado, o masculino e o feminino, e que o poder patriarcal consequentemente persegue e isola.

— Homossexuais.

— Negro·a·s — cujo caso evocado por Carla Accardi pôde permitir a sua amiga, Carla Lonzi, elaborar sua concepção de alianças. Por afinidade pode-se deixar ser em lugar de impor seu apoio.

> Estou interessada no problema do outro, do outro com relação ao homem branco. Quem é o outro em relação ao homem branco? Seja o sexo, seja a raça. A raça, por exemplo, negros...

> perguntam-me: "mas como, você se interessa pelos negros?" Eu, eu deixo os negros em paz, não tenho nada a fazer ali dentro, enquanto mulher branca, mas isso é o que me interessa mais. Compreende? Porque eu me sinto mais deste lado, do lado do outro, quando você o menciona como um "alter", quero dizer.[128]

Na coexistência de um "eu me sinto deste lado" e de um "não tenho nada a fazer ali dentro", vê-se antes que uma inconsistência, a força de uma sensibilidade que não infringe a *sensibilidade* de outro·a·s. Recusa de interferir, de *lutar no lugar de*, mas também de *lutar por*. Podemos estar *ao lado de* sem vir nem *lutar por* nem se aproveitar das lutas.

Com, levando em conta, deixando ser.

Se tal pensamento é possível, é porque não parte da condição de vítima que seria comum a mulheres e negro·a·s. Ele não deduz uma relação com negro·a·s a partir de um pensamento geral da supremacia masculina e branca. Ele parte de uma sensibilidade à alteridade (que nos torna sensíveis a outras alteridades) e à sua irredutibilidade. Ser outro·a·s em relação a

---

128 Carla Lonzi, *Autoportrait* [*Autorretrato*], Paris, JPR / Ringier, 2012, p. 108.

uma mesma hegemonia não torna idênticos; isso não implica combater junto·a·s: não há lógica automática de aliança e menos ainda de amizade fundada sobre uma alteridade comum. Unir os "outro·a·s" seria reabsorver, apagar sua alteridade. Ao contrário, guardar essa distância, esta afirmação das alteridades, é uma forma de resistência ao modo como a uniformidade integra o problema da diferença, antes nega-o, ao pensar numa categoria geral da diferença, fazendo "listas, alinhando um após o outro, mulheres, jovens, população meridional, desempregados, idosos, deficientes"[129]. Não há mais "a questão das/dos..."; na perspectiva do geral, depois da integração.

— Última figura de aliado da mulher: o homem jovem. Um homem, mas que ainda não está corrompido pela partilha do poder e de seus benefícios. Sobre este assunto, o texto oscila entre uma concepção de aliança circunstancial, instrumental, definida pelo inimigo comum com relação ao qual as mulheres e os jovens são cúmplices, e uma concepção de afinidade existencial mais profunda entre a mulher e o jovem. Do lado da aliança circunstancial suscitada pelo inimigo comum: "O feminismo se volta para o jovem para procurar um cúmplice de seu desprezo"[130]; "A autoridade paterna. É contra ela que se criou a aliança entre a mulher e o jovem"[131]. "A autoridade paterna sempre mostrou o que há em toda autoridade: um abuso, que varia de acordo com as circunstâncias, mas no qual aqueles que estão sujeitos sempre tiveram uma relação entre eles — as mulheres e os jovens"[132]. Do lado do laço mais profundo, precedendo a situação de opressão comum: "É através da instituição familiar que se expressam os tabus por meio dos quais o

129 Ver *La horde d'or*, *op. cit.*, p. 448.
130 Carla Lonzi, *Crachons sur Hegel*, *op. cit.*, p. 48.
131 *Ibid.*, p. 60.
132 *Ibid.*, p. 59.

homem adulto sempre dificultou a relação livre entre a mulher e o jovem"[133]. "A inclinação para o jovem" parece, portanto, ser ora o produto de uma opressão comum, ora preexistir à repressão que a dificulta. De toda forma, a ausência de laço, que ela seja inicial ou produzida pela repressão, é o ponto de partida. E o eventual laço afinitário que poderia ter existido deve ser conscientemente re-tecido e se tornar aliança.

Essas são, efetivamente, as duas concepções de aliança que é preciso distinguir: a aliança conjuntural, oportunista, instrumental, contra um inimigo comum, que nada implica além da aliança, e a aliança que consiste em tecer voluntariamente, porque foram tolhidos, destruídos por um sistema de dominação, laços mais profundos, ancorados em afinidades que não inclinam somente para se aliar, mas para religar e compartilhar vidas. É sempre porque há um inimigo que há aliança, e a aliança é sempre voluntária, mas, no primeiro caso, a oposição ao inimigo vem primeiro, todo aliado é bom para engrossar as fileiras e se tornar hegemônico, a aliança é antes de tudo contra; enquanto que, no segundo caso, o inimigo aparece como o responsável pelas separações, ele é aquele que proibiu os laços livres e amados, e a aliança restabelece esses laços contra as separações, e, também, mas de maneira derivada, contra o inimigo que as produz. Tal aliança é então também um laço de resistência, mas que não se volta antes de tudo contra um inimigo: a existência do laço, meio de luta, é também o seu objetivo, e ela é, por si só, um questionamento do sistema contestado.

133 *Ibid.*, p. 60.

Por afinidades: alianças ou amizades

As alianças afinitárias não são somente políticas e táticas. Isso também é o que se destaca de *Não acredite ter direitos*: o movimento das mulheres não produziu somente alianças e camaradagem, mas também amizade.

> Estou convencida, no fundo, de que as mulheres, e eu inclusive, não somos apenas a causa oprimida que se rebela, não somos apenas capazes de produzir uma análise correta para montar uma estratégia eficaz; nós não somos somente camaradas no seio de uma luta de libertação (...). Tudo isso é verdade, mas é, por assim dizer, aumentado, tornado esplêndido e feliz e potente pela prova, que eu mesma experimentei, de que as mulheres podem ser para outras mulheres criaturas em quem temos confiança, em quem podemos confiar, com que podemos tocar flauta e pandeiro noites inteiras, com quem podemos nos divertir dançando, discutindo, desenhando projetos e os realizando. (...) Eu descobri (...) que podemos, que é até mesmo preciso "se apaixonar" pelas mulheres (...). Foi esse o meu primeiro passo — e inteiramente inédito — com relação à velha consciência de uma opressão comum, um passo que me fez *também me* reconhecer com alegria nas mulheres, e reconstruir minha identidade, não somente na dor e na raiva, mas também no entusiasmo e no riso.[134]

A preferência vem antes do cálculo, as afinidades antes da estratégia. Paradoxalmente, é isso que as torna ainda mais revolucionárias.

Situar o essencial da política nas relações feitas, certamente, de reuniões e de discussões, mas "mais prazerosamen-

134 *Sottosopra* 1973, reproduzido em *Ne crois pas...*, *op. cit.*, p. 70–71.

te de festas, danças, jantares, férias, viagens, (...) de amizades, amores", poderia confundir, primeiro aquelas e aqueles para quem tais relacionamentos eram tidos como óbvios[135]. Mas essas práticas representavam uma utilização, nova e parcial, do tempo e das energias femininas, que deveria superar os obstáculos sociais e que representava, e implementava, assim, uma modificação das relações sociais.

> "Era uma maneira insólita de fazer política e para muitas foi a descoberta de que o sistema das relações sociais poderia ser mudado — não abstratamente, como todas nós aprendemos, mas concretamente, inventando novas formas de gastar nossa energia."[136]

Os laços íntimos entre as mulheres, subvertendo a ordem, ganham uma dimensão de aliança e adquirem consistência política. A aliança dá a força necessária para estabelecerem juntas as condições de sua existência ("Tudo será diferente, tanto para as mulheres quanto para a sociedade inteira, se essa ajuda que nos damos para sobreviver se tornar uma aliança que garanta nossa existência social"[137]); ela constitui forças de combate no que é uma guerra difusa; o simples fato de tal aliança, preferencial, fora de escopo, é considerado um golpe na hegemonia.

É também porque esses laços haviam sido impedidos e que deveriam ser reaprendidos, que se constituíram uma forma de luta política.

---

135 *Ne crois pas avoir de droits, op. cit.*, p. 210.
136 *Sottosopra* 1973, reproduzido em *Ne crois pas…, op. cit.*, p. 76.
137 *Ne crois pas avoir de droits, op. cit.*, p. 248.

A relação de uma mulher com outra é o impensável da cultura humana. O instrumento feminino que transforma o mundo é a prática das relações entre mulheres.[138]

Mas essa prática só o transforma de modo incidental, à condição de visar menos essa transformação que a experiência de outros laços, outras maneiras de ser e estar.

III. AFINIDADES E COEXISTÊNCIA: AS DISPARIDADES

Entre as diversas experimentações não-mistas do movimento italiano das mulheres, houve, portanto, a abertura de uma "livraria das mulheres" em Milão, que levou notadamente à publicação de dois textos *Não acredite ter direitos* e *"Não aconteceu por acaso", ou o fim do patriarcado* (publicado em 1996 na revista *Sottosopra*). Escrito coletivamente, *Não acredite ter direitos* é uma narrativa de experiência polifônica, um verdadeiro *pensamento com*, que reproduz também outras vozes ao citar abundantemente as revistas feministas do movimento. Esse texto abre assim espaço, em certa medida, ou pelo menos pretende, à pluralidade, à alteridade, à "disparidade" que preconiza — no entanto, muitas criticaram as mulheres da livraria por terem, na última parte do texto, reduzido o movimento das mulheres às suas concepções particulares, e por terem dele, dessa maneira, se apropriado. Mas fiquemos nas aspirações. A ideia era, ainda assim, que *pensar com*, era elaborar pensamentos coletivamente, no prolongamento das práticas de autoconsciência, era também levar em conta pensamentos de outras mulheres do movimento, era, enfim, pensar com autoras, figuras preferi-

138 *Ibid.*, p. 71.

das (Woolf, Austen...). A parcialidade era reivindicada. ("Essa narrativa será necessariamente parcial"[139]), como a coexistência das preferências díspares.

De certa forma, *pensar com*, é verdadeiramente *pensar com* e nunca *por* (*na ausência de*). Concretamente, as autoras afirmam nada dizer que elas não tenham experimentado diretamente, ou que elas não tenham recebido o testemunho em primeira pessoa. Trata-se, portanto, de não cair numa generalidade neutra que reproduziria o neutro e a ideologia. O discurso permanece ancorado na experiência sensível; ele tem por vocação abrir espaços onde essa experiência possa existir. Não se trata de fazer escola (e de visar uma nova hegemonia) mas de abrir espaço para as aspirações que um mundo uniforme exclui.

A ideia é que é a ideologia que ignora as contradições. Era preciso, portanto, evitar reduzir as mulheres a uma mesma condição de vítima, a uma identidade comum de mulher, mesmo que isso tivesse a virtude de tornar o movimento mais visível. Ele deveria levar em conta as diferenças dentro dele. "Cada mulher, se o que pensamos é verdade, quer, acima de tudo, falar de si mesma, não mais ser identificada com este ou aquele problema, mas falar de si mesma e ser escutada pelo que tem a dizer (...)"[140]. À diferença identitária, que as tornaria semelhantes enquanto mulheres, elas opuseram, então, a disparidade de suas aspirações, de suas potências, de suas sensibilidades.

Dito isso, o quarto capítulo de *Não acredite ter direitos* conta que reconhecer essas diferenças não foi sem dificuldades. As mulheres tinham o costume de se reunir para falar de suas autoras preferidas — o que já era aceitar se orientar segundo escolhas claramente parciais, sem critérios mais objetivos que a preferência sensível. Era também aceitar que mulheres pode-

139 *Ibid.*, p. 49.
140 *Ibid.*, p. 111.

riam ter preferências por mulheres, o que já não era óbvio. Ora, é precisamente a propósito dessa prática das preferências que surgiu um conflito, entre as mulheres que tinham preferências e as que não tinham ou que achavam que destacar preferências reintroduziria autoridades sufocantes. Elas chegaram a essa formulação, que a princípio pareceu ofensiva: "Aqui nós não somos todas iguais"[141]. No entanto, ela foi finalmente experimentada como liberadora:

> Nomear a disparidade presente em nossas relações nos libertou da obrigação de representá-las segundo um ideal de justiça neutra e livrou nossas mentes da figura de uma tal justiça, bem como da culpa e dos ressentimentos que essa autoridade neutra introduziu em nossas relações.[142]

Acredito que possamos definir disparidades como diferenças de sensibilidade imediatamente polarizadas (preferências, avaliações, desejos, aspirações). Assumir a disparidade, era livrar-se da sujeição ao pretensamente neutro, da obrigação de se submeter à unidade de grupo[143].

Aqui, novamente, devemos voltar ao contexto e a séculos de concepção da justiça. É suposto que ela deva permitir a unidade de um grupo apesar dos desejos conflitantes que oponham seus membros. Ela deve ser neutra para ser imparcial (ela tem, por isso, os olhos vendados), e fazer com que indivíduos possam coexistir apesar de suas paixões divergentes. Mas essas mulheres não buscavam proteger a unidade do grupo contra os desejos particulares, a proposta era, ao contrário, libertar os desejos de cada uma da opressão do neutro. Com a ideia de que

---

141 *Ibid.*, p. 187.
142 *Ibid.*, p. 187-188.
143 *Ibid.*, p. 190.

tais desejos pudessem perfeitamente coexistir desde que não fossem experimentados sob o regime da concorrência.

No entanto, foi difícil, porque era desequilibrante[144]. A horizontalidade real implicava renunciar ao consenso e encontrar meios de confrontar coletivamente as disparidades.

Vejo na aceitação das disparidades a experimentação de uma real coexistência das preferências parciais. Isso equivale a tentar uma inversão teórica: longe de ser ameaçada pela disparidade, a horizontalidade depende dela. Em consequência, um grupo que queira se organizar de maneira horizontal deve valorizar as disparidades, lhes dar lugar, apoiar sua possibilidade. Nos termos de *Não acredite ter direitos*, para se juntar a um grupo enquanto afirma suas divergências, é preciso se sentir autorizado pelo grupo. Os laços de confiança no seio do grupo, ou ainda o exemplo de tal mulher "de carne e osso", ou de tal figura feminina preferida, poderiam dar esse sentimento de autorização, fornecer a energia que permite seguir as próprias preferências, expressá-las, mas também apoiar as diferenças. A autorização em questão nada tinha de hierárquica. Ela era sobre transferência de potência, de liberação de energia. É nisso que "a relação de confiança de uma mulher com sua semelhante" era vista como "um conteúdo de luta política"[145].

Que o grupo autorizasse as disparidades possibilitava também a vivência do fato de que é possível afirmar a diferença sem destruir os laços. Isso é o suficiente para contestar um mundo uniformizado.

Um início de articulação é, portanto, proposto, nesses textos, entre a lógica afinitária, a afirmação da parcialidade e a aceitação da pluralidade.

144 *Ibid.*, p. 186.
145 *Ibid.*, p. 38.

Para não ver na parcialidade um primeiro passo em direção a uma lógica discriminatória, é preciso distinguir três maneiras de ser parcial.

A parcialidade hegemônica, pretensamente neutra, que se dissimula como parcialidade. Essa parcialidade denegada é sustentada pelas instituições, pelas construções ideológicas hegemônicas.

A parcialidade que discrimina abertamente os grupos por aquilo que ela afirma que eles sejam.

A primeira pode dissimular a segunda. Essas preferências são baseadas em ideias e operam discriminações que são meios para a dominação.

Essas nada têm a ver com a parcialidade experimentada aqui: a parcialidade de afinidades, de inclinações por maneiras ao invés de por outro·a·s, por práticas encarnadas. Ela repousa sobre uma experiência sensível. Não sobre a concepção de ideias, de identidades, mas sobre uma sensibilidade aos outro·a·s. Essas preferências, que nenhuma teoria geral sustenta, assumem seu estatuto de meras preferências, ao lado de outras igualmente possíveis. Elas não procuram dominar, mas existir, e mesmo coexistir.

Parece-me que assumir a parcialidade das afinidades no seio de um grupo tem algo a ver com a aposta de que seja possível se ligar a partir das disparidades. Uma tal aposta permite aceitar a pluralidade não escolhida.

(Essa ideia é, portanto, ao menos uma boa companhia.)

CAPÍTULO IV

ESTAR COM: PREFERIR E TRANSFORMAR EM MASSA*

Essa via italiana, que coloca as afinidades antes das alianças, limitando às vezes com intransigência as alianças possíveis, abandonava assim a transformação em massa — podendo se privar da possibilidade de agir verdadeiramente sobre as estruturas sociais. É o que algumas mulheres da livraria de Milão tiveram impressão, alguns anos mais tarde.

Uma outra via pode ser tomada, que tenta articular as preferências e a exigência de transformação em massa, indispensável para que a radicalidade produza efeitos revolucionários. É essa a de bell hooks[146], feminista negra americana, que teve coragem de trazer o feminismo "da margem ao centro", de fazer com que ele pudesse se endereçado a todas as mulheres, e, para isso, que se dirigisse *de preferência* àquelas que as feministas tinham mais frequentemente esquecido: as mulheres pobres e as mulheres não brancas.

* N.T. O termo "*massifier*", empregado pela autora, é aqui traduzido como "transformar em massa" ao invés de "massificar", que seria seu correlato direto, devido a essa palavra ser, no português, usualmente apreendida em acepção negativa — algo contrário ao uso pretendido no texto, mais próximo do que seria uma transformação em massa, para além da mera ampliação (ou adesão).

146 Sobre a trajetória e os posicionamentos de bell hooks (Gloria Watkins), feminista negra americana, refiro-me ao prefácio escrito por Nassira Hedjerassi à edição francesa de *De la marge au centre.*

Essa preferência determina o estilo e as posições de bell hooks: muito atenta ao estilo, tão importante a seus olhos quanto as intenções políticas, ela critica os trabalhos acadêmicos incompreensíveis que restringem a audiência do feminismo e que suscitam uma hostilidade entre as intelectuais (em sua maioria brancas e burguesas) e as outras (majoritariamente racializadas e de classes populares). A preocupação de *falar com* implica ter atenção às maneiras, à retórica.

A preocupação de falar com as mulheres racializadas e as mulheres pobres a conduziu também a criticar certas ideias do feminismo dominante, e a introduzir outras. As feministas

africanas, escreve ela, "devem ler as feministas brancas, mas com uma sensibilidade crítica de sua pertinência ou não pertinência, em relação à complexidade de [sua] história, sociologia, e experiência como população diferente"[147]. Aqui ainda, uma leitura parcial e sensível é reivindicada. O que é procurado, nas teorias, é que elas sejam pertinentes desde essa ou aquela experiência, e que elas suscitem o desejo de lutar. Que elas sejam, de alguma forma, boas companheiras.

Assim, as ideias não são rejeitadas, mas problematizadas, consideradas em seus efeitos dissuasivos sobre determinadas mulheres, em suas condições de enunciação e de pertinência. Por exemplo, as ideias de que participar do mercado do trabalho seja emancipatório (o que é negar a condição de muitas mulheres e a opressão capitalista), de que a família seja o primeiro lugar de alienação (embora ela possa ser um suporte para as pessoas de classes oprimidas e raças discriminadas), de que a libertação suponha separar-se dos homens, algo que afastou muitas mulheres do feminismo, pensa bell hooks. Ela

147 bell hooks, "Re-creating Ourselves – African Women and Critical Transformation" [Re-criar a nós mesmas - Mulheres africanas e transformação crítica], citado no prefácio, p. 30.

criticou essas ideias por seus efeitos, sempre com essa preocupação de saber com quem se fala, para quem isso fala, e a quem estamos fortalecendo ao falar. Que efeitos no mundo produz uma ideia. E ela admitiu, ao mesmo tempo, sua legitimidade (abrindo espaço a uma crítica da domesticidade, apoiando de forma indefectível as lutas lésbicas, recusando e rejeitando a maternidade e sua idealização...).

Essa maneira que bell hooks se mostra atenta à pertinência ou à inadequação de certas ideias em função das vidas nas quais nos encontramos, e, portanto, preocupada em abrir espaços aos contrários, porque as vidas divergem, permite esclarecer uma coisa: se podemos defender uma relação parcial com as ideias, é porque consideramos que as ideias valem por si, e tal disposição em relação às ideias exclui toda pretensão à generalização e, portanto, à conversão de outro·a·s. Tudo o que resta, às ideias e às maneiras de viver, é ser atraente e atrair pelo exemplo.

Para bell hooks, essa atenção à coexistência dos contrários, ancorada numa sensibilidade às condições materiais da existência (classe, raça, ...), deveria assim garantir contra toda hegemonia, contra o esmagamento das diferenças e das experiências das mulheres em matéria de trabalho, de família, de maternidade, de relações entre mulheres. A recusa às polêmicas internas ao movimento foi, ao contrário, vista como o signo de uma vontade de dominar e de se apropriar do movimento ("Mulheres burguesas (...) moldaram o movimento segundo seus interesses oportunistas de classe"[148]).

Isso porque, à coexistência das divergências, é preciso opor o que produz a hegemonia de uma ideia: não um conflito vivo, mas um endurecimento ideológico acompanhado da

148 Teoria feminista - *Da margem ao centro, op. cit.,* edição brasileira, p.234.

deserção daqueles e daquelas que não se sentem abrangidos pelas ideias dominantes. Se o conflito é uma forma de laço, a negação da posição de outro·a ou a deserção não o são.

Assim, para bell hooks, a transformação em massa supõe que "pessoas que estão à margem, que sofrem a opressão sexista e outras formas de opressão de grupo, [sejam] compreendidas, discutidas e assimiladas. Elas precisam participar do movimento feminista como proponentes teóricas e líderes práticas."[149], — é preciso verdadeiramente *falar com.*

Falar com, apesar das diferenças: bell hooks também distingue sua crítica da hegemonia burguesa e branca de um ataque contra todas as mulheres burguesas: Se há "essas pessoas [que] não se dispuseram a aprender sobre a experiência feminina coletiva, preferindo impor suas próprias ideias e valores"[150], "existem mulheres burguesas que repudiam os privilégios de sua classe"[151], há mulheres brancas aliadas que desafiaram "a ideia de que o "gênero" era o fator que, acima de todos, determinava o destino de uma mulher"[152]. É com elas que "diálogos fecundos, construtivos e frutíferos" são possíveis, que supõem um "amor profundo pelo mundo e pelas mulheres e pelos homens". Da mesma forma, diálogos são possíveis e desejáveis com os homens.

Falar com, também, desde as diferenças: bell hooks denuncia também as questões de poder dissimuladas sob a injunção à sororidade, que justifica a recusa de qualquer crítica de uma mulher feita por uma outra. Ela vê isso como uma tentativa de apagar as divisões, os conflitos de raça, de classe, e de instalar uma hegemonia. Ela relata a hostilidade que encontraram

149 *Op. cit.*, edição brasileira, p.234.
150 *Ibid.*
151 *Ibid.*
152 *Ibid.*, p.17.

as feministas racializadas quando quiseram que o movimento levasse em conta as questões de classe e de raça. "As pensadoras feministas radicais/revolucionárias que queriam falar sobre gênero com base na tríade raça, sexo e classe social eram chamadas de traidoras (...). Nosso trabalho era (...) considerado excessivamente polêmico"[153]. Isso tinha o mérito de tornar visível a relação entre a desvalorização da heterogeneidade, da polêmica, e a vontade de dominar. "O chamado à sororidade foi percebido por muitas mulheres negras como um pedido de ajuda e como um convite para apoiar um movimento que não nos dizia respeito."[154].

Afirmar a diversidade e o conflito era visto como um ponto de partida necessário para estabelecer laços reflexivos, repensados, capazes de desfazer as práticas desiguais, o que implicava também uma transformação interior de cada um e de cada uma, e era necessário para ampliar o movimento e transformar a sociedade. "Se quisermos que se espalhe, o movimento feminista precisa de diversidade, desacordos e diferenças"[155].

Mas bell hooks pensou nas diferenças produzidas pelas condições materiais de existência. É por isso que foi revolucionário ligar, a partir da diversidade, as mulheres e os homens separados pela dominação. "As mulheres são divididas por comportamento sexista, por racismo, por privilégios de classe e por uma série de outras relações de dominação. As mulheres só podem se ligar de forma duradoura se confrontarem essas clivagens e tomarem as medidas necessárias para eliminá-las

---

153 *Op. cit.*, edição brasileira p.18.

154 *Ibid.*, p.88-89.

155 *De la marge au centre, op. cit.*, p. 149. [N.T. É mencionada, pela autora, apenas parte das referências de páginas dos trechos reproduzidos].

progressivamente". Não se tratava de conceder direito a aspirações existenciais diferentes.

Entretanto, ainda se tratava da escolha, parcial, por outras formas de vida, dissidentes e radicais, rejeitando as hierarquias e o *poder sobre*, isto é, a dominação. Da mesma maneira, uma guerra era travada contra uma civilização fundada sobre a dominação violenta — e não contra os homens ou contra os branco·a·s enquanto tais. O feminismo não é uma "declaração de guerra entre os sexos", escreve bell hooks, mas uma "luta política para pôr fim à opressão sexista", capaz de pôr fim também à guerra entre os sexos. É que, novamente, o inimigo

não são os homens, mas uma estrutura social fundada sobre a "ideia de que as estruturas hierárquicas devem estar na base das interações humanas". Trata-se, portanto, de "mudar a própria essência [das] relações". "Nos esquivamos desse desafio quando agimos como se os homens e o patriarcado fossem os únicos males"[156].

É por isso que bell hooks pode escrever que a luta feminista "não privilegia as mulheres em relação aos homens" ou algumas mulheres em relação a outras, mas que visa "transformar de maneira significativa nossas vidas múltiplas e diferentes"[157].

Se não se trata de preferir mulheres aos homens, negro·a·s aos branco·a·s , trata-se de preferir maneiras de viver a outras — e maneiras de viver que, não submetidas a uma forma de vida hegemônica, podem ser múltiplas. Há, ainda, afirmação de preferências, e de preferências não identitárias: preferências por maneiras de viver nas quais possam se encontrar aqueles e aquelas que sua posição material separa (homens e mulheres, branco·a·s e negro·a·s).

---

156 *Ibid.*, p. 239.

157 *De la marge au centre, op. cit.*, p. 98.

É a partir daí que as alianças foram pensadas: do mesmo modo que era possível aliar-se a mulheres brancas e burguesas, era possível se aliar aos homens, desde que esses pudessem reconhecer que se beneficiavam do patriarcado e que também sofriam com ele, que estivessem prontos a uma transformação interior.

A abordagem afinitária tornaria possível travar uma luta não identitária contra o sexismo e contra o racismo.

Para bell hooks, somente o reconhecimento do vínculo entre as opressões, somente a aliança entre homens e mulheres, entre branco·a·s e racializado·a·s, poderia levar a uma mudança revolucionária. Ela constatou que o sexismo dos homens minava as lutas antirracistas e que o racismo dos branco·a·s minava o feminismo[158]. Recusando toda hegemonia, ela recusa também a hegemonia de uma forma de luta sobre as outras. Estruturalmente, cada luta, específica apenas à primeira vista, implica as outras.

> [Uma mulher] pode escolher focar em questões políticas ou em causas particulares, mas se se opõe com firmeza a todas as formas de opressão, essa perspectiva mais ampla irá se manifestar em todos os seus trabalhos, independentemente de sua natureza específica.[159]

Assim, a coexistência na diversidade deveria ser pensada e posta em prática desde o momento da luta. Embora as alianças sejam baseadas na ideia de que todas as lutas devam se articular para derrubar uma mesma opressão com múltiplos efeitos, elas não implicam nem instrumentalização, nem redução das lutas umas às outras. A ligação não implica a redução. Reinscrever

158 *Ibid.*, p. 84.
159 *Op. cit.*, edição brasileira, p.105.

as violências sexistas em um sistema global fundado sobre relações violentas *não dilui* o problema específico que elas colocam e não exonera os homens de sua responsabilidade. Mas isso leva a reconhecer que o feminismo, o anti-imperialismo, as lutas decoloniais, estão necessariamente ligadas.

Talvez porque aquelas e aqueles que travem essas lutas tenham aspirações compartilháveis: de viver dentro de laços não hierárquicos, de criar possibilidades radicalmente outras, de sair do mundo do um.

Não para encerrar a luta no combate a um inimigo absolutizado — contra uma ideia, na verdade —, mas para desdobrá-la, em conjunto, do lado do que atrai, porque se trata, antes de tudo, que vidas possam tomar forma e criar espaço para si mesmas. É deste lado que está a política afinitária, que privilegia as vidas possíveis e atraentes, e que somente pode visar uma transformação em massa, e, portanto, multiplicar os laços, na condição de deixar que vivam as contradições.

CONCLUSÃO

Quem você ama? Que tipo de vida você leva?

Essas questões são inseparáveis (e elas não se colocam se pensarmos as orientações e os agrupamentos políticos unicamente sob o paradigma das alianças).

Abrir espaço para a lógica afinitária significa, portanto, adotar uma abordagem da política que tenha alguma coisa de existencial e ética, no sentido de que reconhecemos que, nos laços, as maneiras de viver, de ser e estar no mundo estão em jogo. Preferir esta ou aquela pessoa indica afinidades com tipos de vida.

Além disso, se a lógica afinitária é consciente, ela engaja toda uma disposição ética, intelectual e política: aceitar sua própria parcialidade, a contingência de suas aspirações; não ter a necessidade de fundamentar sua vida sobre uma certa ideia do bem, que permitiria pensar que se tem razão; apoiar o ceticismo e a pluralidade de perspectivas. Resistir à propensão de reduzir o mundo a si mesmo·a, esperar ser atraído·a a uma maneira de viver preferida, por atração afinitária, mas deixando acontecer, e talvez venha, sem o esboço de um gesto que tome a forma de conquista ou conversão.

Parece que, se uma lógica de aliança é antes mais voltada para a conquista do poder, já a lógica afinitária pode abrir espaço para formas de existência diversas — e que possam apoiar a coexistência.

Na tentativa de esclarecer a lógica afinitária, tratou-se, portanto, primeiramente, de se devolver o sentido político às reações afetivas que poderiam ser desvalorizadas, porque irracionais, e criticadas como reativas e clânicas. Dessa maneira, tratou-se de mostrar que as afinidades constituem uma dimensão negligenciada, mesmo condenada, da política, ainda que essa dimensão tenha um sentido. Se a política consiste em organizar a coexistência, não é sem pertinência nela orientar-se por afinidade.

Mas outra coisa está em jogo, assim que se opõe a lógica afinitária àquela dos programas, essa lógica do sensível àquela da razão. Ela parece, assim, distinta de uma lógica da unidade

e da conversão. Pode-se, portanto, conceber que ela seja mais suscetível a deixar espaço para a coexistência de outras vidas. No mínimo, ela torna a coexistência possível de ser pensada.

Consequentemente, a política afinitária, livre da busca por um fundamento, parece mais apta a assumir a pluralidade. Isso não quer dizer que toda preferência afinitária parcial esteja pronta a deixar que os outro·a·s sejam; e ocorre que certas pessoas preferem o mundo da dominação e da discriminação e estão prontas a exterminar aqueles e aquelas a quem isso não convém, ou que não correspondam a seus critérios. Mas, ao menos, ela não se opõe por princípio, pensando que tem razão, se apegando totalmente às suas ideias, se dispondo a querer converter, ou pelo menos, a desqualificar tudo que se desvie da ideia. É a razão pela qual, historicamente, o pensamento afinitário, assim como as concepções de amizade política, foram elaborados no lado das minorias, de dominado·a·s, de vencido·a·s, daquelas e daqueles que se levantam contra as dominações e os modos hegemônicos de organização do mundo.

O que parece incontestável, é que a sensibilidade e o pensamento somente são politizados quando combinados à consideração da coexistência e à tomada de partido afinitária.

Entretanto, a tomada de partido afinitária isolada, tem uma significação política muito clara: ela manifesta uma indiferença, aos outro·a·s e à coexistência, que pode ser considerada antipolítica. E, a mera atenção à coexistência de perspectivas é moral, frequentemente trágica, e ela despolitiza, levando a assistir, de longe, as coisas acontecerem. Sem afinidades, é difícil conceber um interesse pelo mundo.

A conjunção paradoxal entre a orientação afinitária e a consideração da coexistência parece ser, portanto, a condição da sensibilidade política, se qualificarmos como "política" toda forma de assumir esse dado existencial: nós existimos junto·a·s e somos, por isso, obrigado·a·s a coexistir, e assim, a escolhermos junto·a·s formas de coexistência.

Se tal sensibilidade política, à coexistência, à conjuntura, pudesse levar a desqualificar a adoção de uma postura filosófica no espaço público, principalmente, qualquer pretensão de se orientar, de intervir, de prescrever, a partir de um estatuto de filósofo·a, e se a crítica política encontrasse nesse ponto a crítica feminista da filosofia, não se trataria, evidentemente, de excluir a razão do campo da política. Simplesmente, isso levaria ao questionamento da prática filosófica e a se relacionar com ela de forma diferente — o que implica, no mínimo, em não fazer da filosofia uma fonte de autoridade, uma prática que confira um estatuto à parte, e que seria apropriada por seus profissionais. A questão é também articular, diferentemente, a prática da filosofia e o compromisso político.

Talvez fosse primeiro mais justo, aliás, para com a filosofia, falar aqui de teoria ao invés de filosofia, na medida em que chegar ao campo político estando certo·a de possuir a verdade a partir de um estatuto de especialista não tem nada de uma posição realmente filosófica, se vemos na filosofia uma abordagem interrogativa e dialética. Podemos, obviamente, fazer filosofia e duvidar, e se apresentar no espaço político como um ou uma entre outro·a·s, sem pretensão a ter uma autoridade especial. É até mesmo mais provável. O risco que a filosofia representa para a política é mais o da suspensão do julgamento que o da prescrição dogmática (é o risco que Montesquieu aponta com o personagem de Usbek, ou Péricles, quando ele fala em ser capaz de filosofar sem indolência, é o risco que corria Simone Weil, de não mais ser capaz de se comprometer por força de problematizar e de pensar levando em conta todos os planos); é o risco da indiferença — por isso a importância da passagem ao pensamento afinitário para orientar o julgamento. São as teorias afirmativas que levam à prescrição e colocam um outro problema para a política: o da postura normativa e dominadora, quando pessoas pensam que podem abordar os problemas e os conflitos políticos a partir de uma teoria *a priori*, assertiva e prescritiva, que importa mais que a experiência e à qual eles e elas gostariam de submeter a experiência.

Pode-se pensar que, sem essas luzes da verdade demonstrada, a política tenda ao relativismo — erroneamente. Se o relativismo estilhaça a verdade — cada povo tem sua verdade —, ele lhe conserva o conceito e a função: servir de padrão ao que é certo, ao que é bom, ao que é preciso fazer. O pensamento autoritário da verdade é apenas multiplicado. De certa forma, não temos aí um pensamento do múltiplo, mas um pensamento das unidades. Isso está muito longe da lógica afinitária, que dispensa a questão da verdade demonstrativa e, portanto, do fundamento, e de qualquer coisa exterior ao campo político que possa fazer autoridade. Ela produz relações políticas que dispensam a referência à verdade, ou mesmo que tornam sem sentido ainda se falar em verdade política: trata-se, em última instância, de destituir a verdade.

BIBLIOGRAFIA

Obras de Hannah Arendt

« *La Crise de la culture* » *et* « *Vérité et Politique* », in *La Crise de la culture* [1954 – 1968], trad. Sous la direction de Patrick levy, Gallimard, 1972.

« De l'humanité dans de sombres temps » [1960], *Vies politiques*, trad. E. Adda, J. Bontemps, B. Cassin et alii, Paris, Gallimard, 1974.

« *Questions de philosophie morale* » [1965 – 1966], in *Responsabilité et jugement,* [2003], trad. J.-L. Fidel, Paris, Payot, 2005.

Juger : sur la philosophie politique de Kant [1977, 1982], trad. R. Beiner et M. Revault d'Allonnes, Paris, Seuil, 1991.

« Socrate », *Qu'est-ce que la politique*, trad. Carole Widmaier et Muriel Frantz-Widmaier, et Sylvie Taussig, Paris, Le Seuil, 2014.

La Vie de l'esprit, [1971], trad. L. Lotringer, Paris, PUF, [1981] 2005.

Condition de l'homme moderne [1958], trad. Georges Fradier, reprise chez Gallimard, Quarto, 2012.

Literaturas e teorias feministas

Virginia Woolf, *Une Chambre à soi*, trad. Clara Malraux, 2014, Gallimard (Quarto).

Mrs. Dalloway, trad. Marie-Claire Pasquier, Paris, Gallimard, 1994.

Carla Lonzi, *Rivolta femminile* [1970], https://www.internazionale.it/notizie/2017/03/08/manifesto-di-rivolta-femminile

Crachons sur Hegel [1974], trad. « Les derniers masques », Eterotopia, 2017.

La Librairie des femmes de Milan, *Ne crois pas avoir de droits,* [1987], traduit en français aux éditions de la Tempête en 2017.

Silvia Federici, *Caliban et la Sorcière, femmes, corps et accumulation primitive*, [2004] trad. collectif Senonevero revue et complétéepar Julien Guazzini, Entremonde, 2014.

La Horde d'or [1988], éditions de l'éclat, Paris, 2017, p. 450 sq, (le texte est en ligne ici : http://ordadoro.info/), chapitre 9 : « La révolutiondu féminisme ».

bell hooks, *De la marge au centre* [1984], traduit par Noomi B. Grüsig, Cambourakis, collection « Sorcières », 2017.

Gosto, razão, sensibilidade: por volta do século XVIII

Arnaud et Nicole, *La Logique ou l'art de penser*, (dite « Logique de Port-Royal »), 1662 – 1664.

Diderot et d'Alembert, Encyclopédie [1751]. (https://encyclopedie.uchicago.edu/)

Montesquieu, *Lettres persanes* [1721].

Montesquieu, *Essai sur le goût* [1757].

Rousseau, *Contrat social* [1762].

Hume, *Essais esthétiques.*

Kant, *Critique de la faculté de juger.*
Goethe, *Les Affinités électives* [1809], trad. Jean-Jacques Pollet, Flammarion, GF, Paris, 2009.
Walter Benjamin, « Les Affinités électives de Goethe », dans *OEuvres*, I, trad. Maurice de Gandillac, Rainer Rochlitz et Pierre Rusch, Paris, Gallimard, 2000, Folio p. 286.

Teoria e escritos políticos

Platon, *République.*
Le Politique.
Aristote, *Éthique à Nicomaque*, traduction de J. Tricot, Vrin.
Politique, traduction de J. Tricot, Vrin.
La Boétie, *Discours sur la servitude volontaire.*
Ullirch Langer, « La rhétorique radicale de l'égalité. Compagnie et amitié dans De la servitude volontaire », in *Cahiers La Boétie, no 1, Amitié et compagnie, autour du* Discours de la servitude volontaire *de La Boétie*, Stéphan Géonget et Laurent Gerbier (dir.), Classiques Garnier, 2012, p. 77–94.
Claude Lefort, Édition et présentation du *Discours sur la servitude volontaire,* Paris, Payot, 2016.
Spinoza, *Traité politique*, traduction Bernard Pautrat, Paris, Allia, 2011.
Saint-Just, « Rapport sur la police générale », *OEuvres complètes*, Paris, Gallimard, 2004.
Auguste Blanqui, *Maintenant, il faut des armes*, La Fabrique, 2007.
Charles Péguy, À *nos amis, à nos abonnés,* « Cahiers de la Quinzaine », X-13, 15 juin 1909.
Simone Weil, *Lettre à Bernanos* (facilmente encontrado *online*, como a maioria dos textos de Simone Weil, livre de direitos autorais).

« Ne recommençons pas la guerre de Troie », in *L'Iliade ou le poème de la force et autres textes*, Paris, Rivages, 2013, p. 170 –171.
Cahiers, OEuvres complètes, publiées sous la direction d'André A. Devaux et de Florence de Lussy, chez Gallimard.
L'Enracinement, Gallimard.
La Condition ouvrière.
«Réflexions pour déplaire » [1936], *OEuvres complètes*, Tome II, volume 2 : *Écrits historiques et politiques. L'expérience ouvrière et l'adieu à la révolution (juillet 1834 – juin 1937)*, textes établis, présentés et annotés par Géraldi Leroy et Anne Roche, Paris Gallimard, 1991 p. 389.

« Méditations sur l'obéissance et la liberté », *OC II 2*, *op. cit.*, p. 133.
« Formes de l'amour implicite de dieu », *Amitié, l'art de bien aimer,* Paris, Rivages, 2016.
Franz Fanon, *L'an V de la révolution algérienne* [1959], La Découverte.
Cornelius Castoriadis, *Thucydide, la force et le droit*, Paris, Le Seuil, 2011.
Cornelius Castoriadis, *La Cité et les lois*, Paris, Le Seuil, 2008.
Joëlle Fontaine, *De la résistance à la guerre civile en Grèce*, La Fabrique, 2012.
Comité invisible, À *nos amis*, La Fabrique, 2014.
Judith Butler, *Rassemblement. Pluralité, perfomativité et politique*, trad. Christophe Jaquet, Paris, Fayard, 2016.
Frédéric Lordon, *Les Affects de la politique*, Paris, Le Seuil, 2016.
Stéphane Legrand, *Ayn Rand, femme capital*, Nova éditions, 2017.
Laurent Jeanpierre, « "Nuit Debout", la diagonale du "nous" », *Nous, Critique, no841-842*, juin-juillet 2017, Éditions de Minuit.

1ª edição [2021]

Esta obra foi composta em Adobe Caslon Pro
sobre papel Pólen Soft 80 g/m²
para a Quixote+Do Editoras Associadas.

#tudocomeçanalivraria #quixotedo2021

MISTO
Papel proveniente de fontes responsáveis
FSC® C092828
FSC www.fsc.org